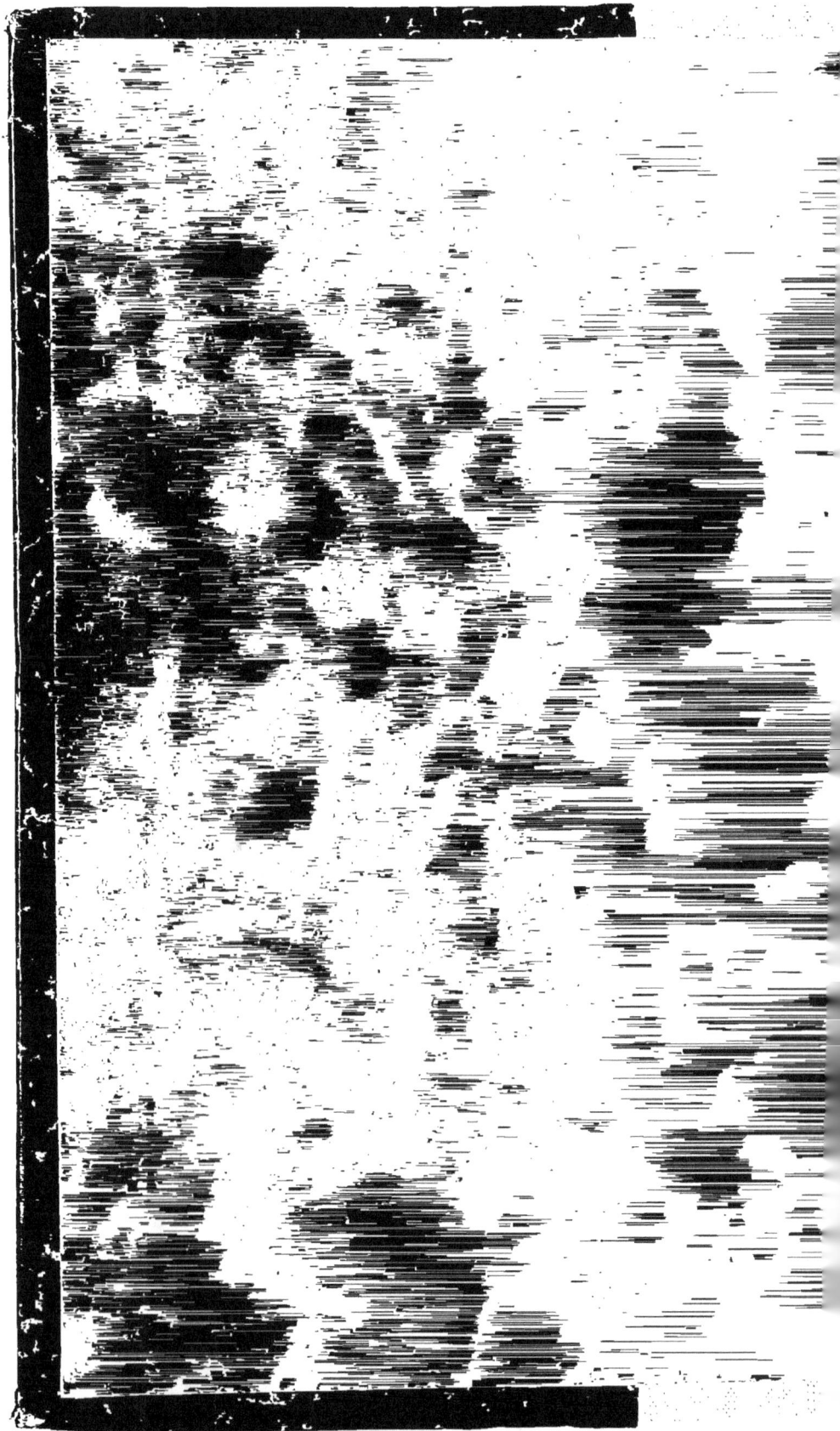

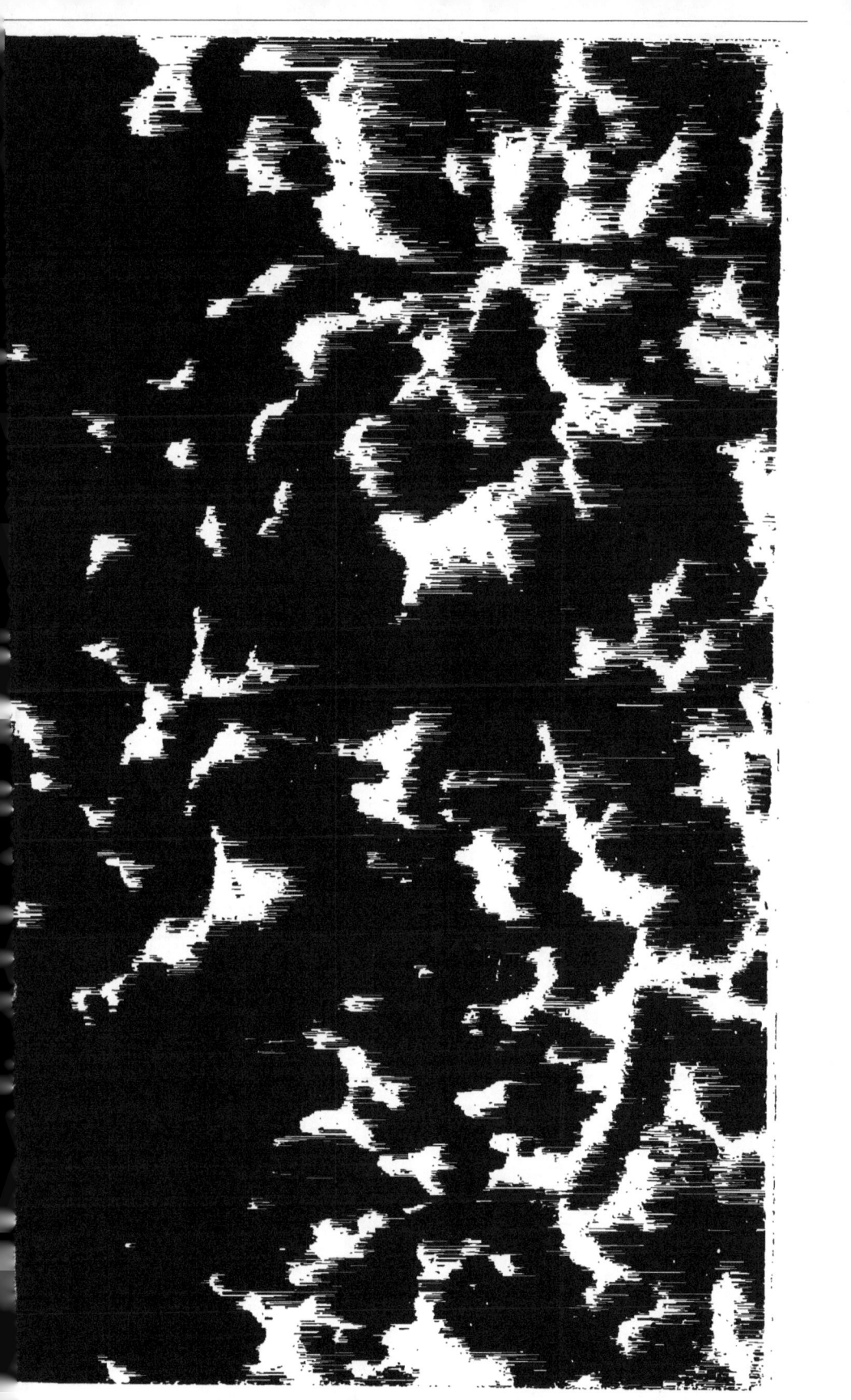

RANDEYMES & FILS

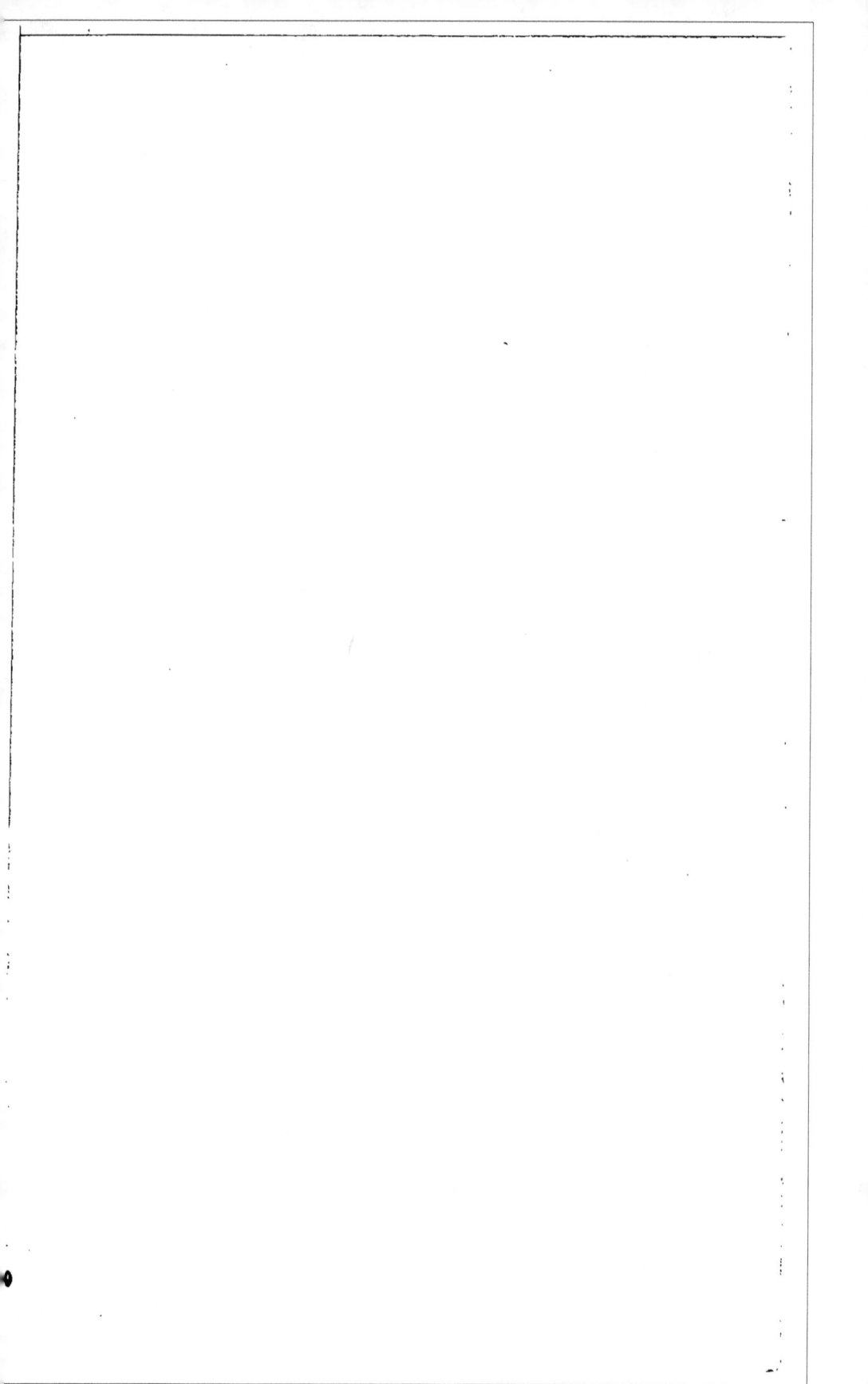

ÉDUCATION MORALE ET CIVIQUE

———

BIBLIOTHÈQUE DE LA JEUNESSE FRANÇAISE

———

PREMIÈRE SÉRIE

Saint-Amand (Cher). — Imprimerie Destenay.

ÉTIENNE MARCEL

OUVRAGES DU MÊME AUTEUR

Conseils aux Jeunes filles, in-8. (Édition épuisée).

Léonie. Essai d'éducation par le roman. Préface de Lamartine ; in-12 ; 3me édit.

Charlotte, in-12, 2me édit.

L'Honneur des Femmes, in-12, 3me édit.

Une Expiation, in-12. La 2me édit. va paraître.

Nora, in-12, 2me édit.

Madame Roland, in-18.

Jacques Cœur, in-18.

Le Calvaire d'une Enfant, in-32.

Un Héros obscur, in-32.

EN PRÉPARATION

Les Femmes patriotes, à travers l'histoire de France.

ÉTIENNE MARCEL

Mme EUGÈNE GARCIN

Selon l'ordre et le droit primitif, une
nation est au-dessus de son chef.

(Les *Triades*, tradition gauloise).

LIBRAIRIE CENTRALE DES PUBLICATIONS POPULAIRES

45, RUE DES SAINTS-PÈRES, 45

1882

La Maison aux piliers

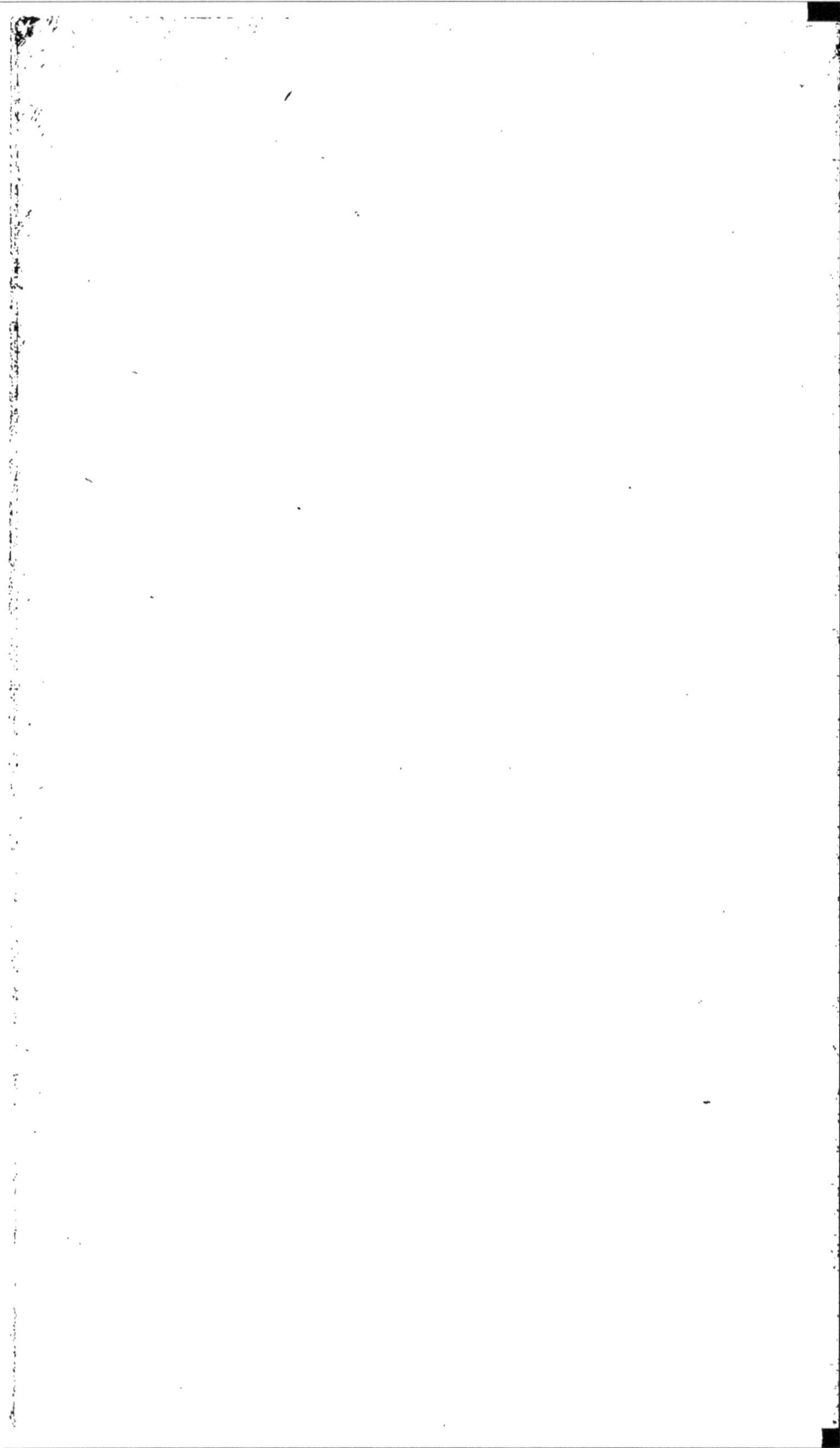

PRÉFACE

Pour cette Bibliothèque d'éducation morale et civique, destinée à la Jeunesse française, nous avons
écrit tour à tour, outre des Nouvelles, l'histoire de
Madame Roland et celle de *Jacques Cœur*, et, pour
aucune d'elles, nous n'avons senti le besoin d'une
préface.

Il n'en est pas de même pour la biographie
d'*Etienne Marcel.*

Nulle période, dans les annales de notre nation,
n'était plus susceptible que celle où vécut le grand
tribun, de nous rappeler cette pensée de Herder:
« Le tableau de l'histoire est toujours changeant, et
toujours le même. »

1*

Et, s'il est juste d'ajouter que c'est nous-mêmes que nous cherchons dans les gestes de nos aïeux; que c'est du point de vue actuel que nous regardons sans cesse, en nous tournant vers le passé, nous pouvons dire encore que nulle histoire ne saurait nous intéresser, nous captiver davantage que celle de l'illustre bourgeois qui, au xivᵉ siècle, lutta avec tant de génie et de force pour des principes qui sont restés notre idéal.

Quel lugubre tableau nous offre la France de ce temps-là ! Nous sommes en plein règne des Valois, l'une de ces races maudites qui ont gouverné la France : Epoque de plaisirs, de désordres et de hontes ! Les chefs militaires, si vaillants autrefois, ont perdu tout nerf. Triste ironie ! une chevalerie officielle est créée : l'ordre de l'*Etoile* brille sur bien des poitrines ; mais qu'y a-t-il dans les cœurs? Les nobles sont devenus incapables de comprendre et surtout de remplir le devoir qui seul pouvait légitimer leur puissance : défendre contre l'ennemi le sol où ils dominaient.

Aussi, que voyons-nous dans le fond du tableau ? L'Anglais, qui a envahi et qui occupe en maître la moitié du royaume. L'Anglais est en France comme chez soi. Que dis-je ? il est en pays conquis, c'est-à-dire sur un territoire que l'on rançonne à merci et qu'on saccage sans remords.

Si le pouvoir féodal, c'est-à-dire la royauté et la

noblesse livrent des batailles, ces batailles se nomment Crécy et Poitiers; elles ne sont que d'inénarrables défaites : les Sedan du passé !

Le plus sérieux obstacle qu'on trouve alors contre l'envahisseur, ce sont les Grandes Compagnies, les troupes de *Brigands*, nom qui ne désigna, d'abord, que des soldats à pied, mais qui prit bien vite un sens où se révèle le caractère de tels défenseurs. S'ils combattaient l'Anglais, ils exerçaient surtout leurs déprédations, leurs *brigandages* sur tout le pays.

Et cette période ne fut pas d'un jour : Elle porte dans l'histoire ce nom significatif et sombre : *Guerre de Cent ans*.

Le poids de la misère et de la douleur devient si lourd, que de toutes parts grondent des murmures, s'élèvent des revendications. Le peuple en vient à comprendre que lui seul pourra se sauver, et **une** grande figure se dresse, qui se fait l'interprète du vœu national : c'est la figure d'Etienne Marcel.

Mais la voix du Prévôt des marchands n'est **pas** entendue ; un conflit s'engage entre la royauté et lui. Loin de guérir la plaie qu'il signale, on ne fait que l'élargir, la rendre plus saignante. Plus que jamais on pressure le peuple d'impôts; les famines désolent le pays où se succèdent les pestes. Comme conséquence de tels fléaux, une insurrection formidable se déchaîne en bas : la terrible *Jacquerie*.

Aussitôt se produit un phénomène qui, si étrange qu'il soit, n'est pas isolé dans nos annales: Les mêmes pouvoirs qui n'avaient montré ni intelligence, ni énergie, ni courage contre l'ennemi du dehors, trouvent des ressources inattendues, toutes les forces nécessaires et pour écraser les serfs, et pour étouffer dans le sang les tentatives d'émancipation bourgeoise.

Le héros, dont nous racontons l'histoire, périt de mort violente dans cette lutte du peuple contre la royauté, lutte que la nation devait reprendre avec plus de vigueur, quatre siècles plus tard. Cela dit toute l'importance du rôle joué par le Prévôt des marchands, et quel intérêt pour nous s'attache à ce rôle.

Non seulement Etienne Marcel fut un des précurseurs de la Révolution, puisqu'il chercha à annihiler et qu'il ébranla ces deux pouvoirs, considérés alors comme éléments constitutifs et nécessaires de l'ordre social : la Noblesse et la Royauté ; non seulement, dans le drame populaire et grandiose qu'il dirigea, nous retrouvons des scènes tout à fait analogues à celles qui marquent les étapes de cette glorieuse époque qui va de 1789 à 1793 ; mais nous en retrouvons qui rappellent celles-là même dont nous avons été les contemporains.

Il y a plus, et comme pour nous prouver, — Montesquieu l'a dit, — que, si les occasions changent, l'homme est le même toujours, eh! bien, nous voyons s'agiter, dans le monde des morts, d'il y a cinq siècles, les mêmes problèmes qui passionnent les vivants d'aujourd'hui.

Dans le mouvement qui, à cette heure, en effet, entraîne les esprits, il est facile de reconnaître deux courants bien distincts. L'un, qui prend sa source dans les broussailles du terrain monarchique, s'appelle la Centralisation administrative, c'est-à-dire le triomphe de l'Autorité, une, forte, absolue ; l'autre, qui n'a cessé de creuser son lit dans la vieille terre des Gaules, et nous conduit à l'expansion de toutes les forces vives du pays, se nomme là Décentralisation et mérite cet autre titre : la Liberté!

Or, Etienne Marcel a formulé d'une façon nette et précise les aspirations de la France d'aujourd'hui, se résumant dans ces deux mots : Franchises communales.

Aussi, à l'heure même où l'on achève, à Paris, la reconstruction de cet Hôtel-de-Ville qu'il contribua tant à édifier, monument civil, qui, en face de la Cathédrale et du Manoir féodal, constituait un monde nouveau, nous devons rappeler ce que M. Henri Martin, dans sa grande *Histoire de France*, écrivit à propos de l'ancien Hôtel-de-Ville et au sujet d'Etienne Marcel :

« La justice et la reconnaissance commandaient de ne pas exclure sa statue d'entre celles de tous ces hommes illustres de Paris, qui décorent la façade de cet Hôtel-de-Ville qu'il a fondé. »

Certes, — nous en avons l'intime conviction, — le Conseil municipal de Paris est à la fois trop éclairé et trop patriote pour commettre le même déni de justice et de reconnaissance, et notre édilité ne refusera pas au grand citoyen du xiv° siècle la place qu'il occupe dans l'histoire.

E. GARCIN.

Paris, le 25 avril 1882.

ETIENNE MARCEL

I

NAISSANCE DU TIERS-ÉTAT

Trois cent cinquante ans s'écoulent entre l'éclosion, au XIᵉ siècle, du mouvement communal et l'apparition de l'homme qui, à partir de 1355, devait donner à ce mouvement sa signification réelle : le droit de la nation à se gouverner elle-même.

Mais, pour qu'apparût au jour ce principe de la souveraineté populaire, que d'efforts, que de luttes, que de souffrances il avait fallu ! Ce qui devait peu à peu constituer la France démocratique, c'est-à-dire la vraie France, celle qui pense et travaille, était resté étouffé dans l'ombre, durant de longs âges d'invasions et de ténèbres. En effet, aussitôt la conquête franque achevée, on avait vu les vainqueurs étendre leurs larges mains gantées de fer sur le sol de la Gaule. Ils l'avaient enclos en domaines plus ou moins considérables ; ils y avaient englobé terres et hommes, qui ne pouvaient leur opposer ni barrière, ni résistance. Puis, élevant des forteresses imprenables, les hérissant de tours et de machicoulis. les entourant de précipices, creusant des souterrains, ils avaient déclaré qu'ils étaient les maîtres chez eux, s'octroyant ainsi le pouvoir avec les propriétés.

C'est de cette façon que s'établirent une infinité de petits royaumes ne dépendant que d'eux-mêmes, dont les plus puissants dominaient sur leurs voisins moins puissants, formant du haut en bas de l'échelle sociale une immense hiérarchie de ducs, de comtes, de vicomtes, seigneurs feudataires et vassaux, rois et roitelets, qui, guerroyant, pillant, chassant, mangeant, buvant, jouissant, écrasaient la masse désarmée et ignorante, soumise dans les campagnes au travail de la glèbe, dans les villes, aux travaux de l'industrie, ici, sous le nom de serfs, de mainmortables, partout, sous le nom de vilains. [1]

---

[1] Quoique nous pensions, avec Lamartine, que les notes au bas du texte sont comme ces brouillards qui montent des vallons et obscurcissent les coteaux, qu'on nous permette, ici, une note un peu développée, ayant pour but de prévenir une objection.

Le terme de *vilain* (jadis on écrivait *villain*) semble, comme son étymologie l'indique, devoir ne désigner et primitivement, en effet, ne désigne que l'homme de la *villa*, ferme ou métairie romaine, puis l'homme du *village*, — l'homme en *permanence* attaché à la glèbe ou le *manant*, — en un mot l'homme de la campagne, *rus*, le *rustre*. — la classe enfin de ceux que Froissart appelle toujours, (dans une expression poignante et perdue, expression signalée et regrettée par M. Eugène Bonnemère, l'auteur si humain de l'*Histoire des Paysans* :) « les povres ahaniers, » qui vivent à grand ahan, qui ahanent à vivre. Oui, ce sens exclusivement rural est bien le sens primitif de *vilain*.

Il en est de même du mot *roturier*, dérivé de *rupturæ*, *rum-*

Le mal était si grand, le despotisme et la cruauté
d'un côté, produisaient de l'autre tant de misère et de
douleur, que, de cet excès même, allait sortir la force
vive qui eût pu régénérer le monde.

Car, si le peuple souffrait, il ne souffrait pas comme
dans le monde antique en acceptant sa souffrance. Il
avait cessé de croire à la Fatalité, qui dans l'être misérable montrait un coupable soumis à l'expiation ! Le
« Malheur aux vaincus ! » s'était effacé devant la pitié
et l'amour témoignés par le Christianisme naissant aux
humbles et aux faibles. Depuis dix siècles, on faisait

pere, *rompre*, défricher le sol; il ne s'appliqua, à l'origine, qu'aux
seuls campagnards.

Mais bientôt ces appellations, devenues flétrissures, s'étendirent
à tout ce qui n'était pas de la noblesse, aux citadins aussi bien
qu'aux villageois. Que d'exemples de ce fait ! Une lettre d'Étienne
Marcel, qu'on lira plus loin, (page 85.) nous montre le titre de
vilain donné aux Parisiens. Et Marcel de répliquer : « Tous ceux-
là sont vilains qui font les vilenies, *Tuit cil sont villains qui font
les villainies !* » pensée que nous retrouvons textuellement dans
ces deux vers d'un vieux fabliau :

> Nus n'est vilains, se de cuer non ;
> Vilain est qui fet vilonie.

Le mot eut donc, de bonne heure, le sens étendu que lui con-
serve Jean-Pierre de Béranger, le poète qui se fit, et immortelle-
ment, Béranger tout court :

> Êtes-vous de noblesse antique ?
> Moi, noble ? Oh ! vraiment, messieurs, non !...
> Je ne sais qu'aimer une patrie.
> Je suis vilain et très-vilain
>   Je suis vilain,
>   Vilain, vilain.

Et M. Littré, en son *Dictionnaire*, dit expressément que « le
sens de non noble est le sens propre de vilain. »

adorer par les foules écrasées sous les autorités sociales, l'Homme-Dieu à qui les autorités sociales avaient dressé un gibet.

Ces rapprochements frappaient les âmes, chez qui l'enseignement évangélique avait éveillé la vie morale. Si le prêtre était maintenant avec les oppresseurs, autrefois il avait défendu les opprimés, et l'on en gardait mémoire. Eh ! bien, puisque maintenant l'abandon venait de partout, il fallait se sauver soi-même. Mais comment se sauver ? sinon en s'appuyant les uns sur les autres, c'est-à-dire en formant ces *Communions*, ces *Confédérations*, ces *Fraternités*, véritables conjurations, obscures à l'origine, mais qui devaient éclater au grand jour, sous le nom de Communes.

On se réunit d'abord à la veillée, deux, trois, quatre, dix de la même ville. Tisseurs de lin, cardeurs de laine, marchands de serge, vendeurs d'épices, causèrent ensemble et à voix basse, sous la lampe fumeuse, des exactions, des brigandages dont ils étaient victimes. Tout n'était-il point pour eux impôts et redevances, entraves et chaînes ? Le fruit de leur travail ne leur appartenait même pas ; car le seigneur comte, le seigneur évêque ou le seigneur abbé avait le droit de tolles ou d'enlèvements c'est-à-dire de pillage.

Ils payaient pour moudre leur blé, ils payaient pour faire cuire leur pain ; ils payaient pour commercer ; ils payaient pour bâtir ; ils payaient pour démolir. A chaque pas un sergent, lance au poing, leur criait leur servitude. Ici, une rue fermée par des chaînes de fer, et où l'on ne pouvait circuler ; là, un pont qu'on ne pouvait franchir ; plus loin, un domaine qu'il vous était in-

terdit de traverser, sans payer encore, sans payer toujours.

Déjà, on avait entendu dire, qu'au siècle précédent,
en Normandie, en Bretagne, le pauvre serf, trop tyran-
nisé par les seigneurs, avait essayé de secouer le
joug. Sans doute, lui désarmé, presque nu, avait été
foulé, broyé sous les pieds des hommes d'armes. Mais
pour eux, habitants des villes, en serait-il de même ?
Puis, qu'importait ! Ne valait-il pas mieux mourir, avec
un cri de liberté sur les lèvres, que de vivre lâchement
dans la servitude ?

Ce sentiment viril, cette sainte révolte contre l'injus-
tice, née au cœur de quelques-uns, on se les communi-
qua. Durant près de 80 ans, de proche en proche, ce
fut une lente, une obscure, et, si on peut le dire, une
muette propagande, suivie d'une immense explosion.

D'où partit le signal ? De Cambrai, disent les uns ;
de Beauvais, disent les autres. Quoi qu'il en soit, la révolution gagna avec la rapidité d'un feu, dont le foyer
incandescent a été longtemps recouvert de cendres.

Devant ce vaste incendie qui s'étendit à tous les points
de l'horizon, l'épouvante s'abattit sur le castel, pénétra
dans les évêchés et couvents, atteignit même la demeure
royale. Les Communiers virent donc se dresser contre
eux ces trois ennemis : noblesse, clergé, royauté ; ou
pour mieux dire ces trois ennemis se trouvaient réunis
en un seul : le despotisme, qu'ils avaient à combattre au
nom de la liberté !

Partout la lutte fut terrible, presque partout le sang
coula. Et il ne s'agissait point, comme dans nos temps

modernes, d'un seul combat qui marque le triomphe ou la défaite ; non, il fallait, sur tous les points du territoire, livrer bataille, prendre d'assaut la forteresse, prendre d'assaut le monastère, poursuivre de rue en rue, de maison crénelée en maison crénelée, le chevalier bardé de fer et ses hommes d'armes. Il fallait subir les trahisons de tous, celles de son propre parti, aussi bien que les trahisons des seigneurs manquant à leur parole ou des évêques se parjurant.

Et cependant les bourgeois furent vainqueurs ! A peine un siècle est-il écoulé, que Laon, Amiens, Cambrai, Noyon, Saint-Quentin, Sens, Auxerre, Beauvais, Reims, Vezelai, Soissons, et toutes les villes du Midi sont érigées en communes, et en face du château-fort qui dit oppression, de la cathédrale qui dit obéissance, les vilains, devenus bourgeois, ont élevé ce monument nouveau dans l'histoire, l'Hôtel-de-Ville, qui dit liberté !

Certes, il faut l'avouer, lorsque nous relisons quelqu'une de ces chartes communales, si chèrement achetées, nous nous étonnons de si grands, de si gigantesques efforts, pour conquérir des droits que nous possédons sans nous en apercevoir, tant ils sont naturels : droit d'aller et de venir, de vendre d'acheter, de posséder le bien acquis par le travail, de se marier et de tester librement. Oui, mais n'oublions pas, que ces simples droits constituaient alors une société nouvelle : la société civile, qui, par ses magistrats élus au suffrage populaire, se gouvernait en dehors des vieux pouvoirs établis. Or ces pouvoirs luttèrent avec acharnement pour le maintien de leurs vieux priviléges.

N'importe ! ils ne pouvaient empêcher le progrès d'éclore, les villes de s'affranchir. Toulouse en était arrivée à posséder une armée ; elle traitait avec les rois de puissance à puissance, et, si cet admirable mouvement du xi° et xii° siècle n'avait pas été enrayé et détourné de sa vraie voie, les Communes du Moyen-âge arrivaient droit à la république.

La royauté, la première, sentit le danger. Le roi, qui à l'avènement de la race capétienne, n'avait été, d'abord, que le plus grand des feudataires, en revenait peu à peu aux traditions impériales d'un pouvoir unique et centralisateur. Ce fut dans cet esprit qu'on le vit lutter en France, comme en Flandre, contre les Communes, s'indignant, avec Louis VII, « de la forsonnerie de ces musards qui, pour raison de la commune, faisaient mine de se rebeller et dresser contre la couronne ; » se jetant, avec Philippe-Auguste et Louis VIII, sur le Midi, non point tant pour y exterminer les Albigeois que pour conquérir tous ces centres florissants d'Arles, de Marseille, d'Alby, de Nîmes, de Montpellier, de Toulouse, dont la civilisation, l'esprit de liberté et l'organisation municipale contrastaient avec la France féodale et monarchique du Nord.

Mais les rois ne tardèrent pas à comprendre que, quoi qu'ils fissent, « ces musards » garderaient leur place au soleil, et que ces fils de serfs, devenus citoyens, ne reprendraient pas le collier de l'esclave. De plus, n'étaient-ils pas les travailleurs ? Or, le chef de cette féodalité guerroyante, ignorante, improductive, lui qui voulait régner sur une nation composée de forces vives et pas de

non valeurs, résolut, ne pouvant les détruire, de s'accaparer les Communes.

Comment arriver à ce but difficile ? « On avait sous
la main, écrit Frédéric Morin, cette race tortueuse, sans
conscience et sans cœur des *légistes*, toujours prête à
substituer un vieux texte obscur aux splendeurs de
l'éternelle équité. » Depuis leur apparition sous Louis IX,
on avait pu les voir, absolvant les rois de leurs déprédations, de leurs spoliations, au nom d'arrêts enfouis dans
des parchemins. Par eux, la royauté avait été convain-
cue de *son droit*, primant *le droit*, de son omnipotence
faite pour régler, puis dominer l'expansion individuelle
et nationale.

Qui mieux que ces hommes, représentants de la léga-
lité, et incapables de comprendre l'instinct naissant de
la Justice, pouvait aider les rois dans leurs desseins, en
allongeant « sur les libres cités, leurs griffes silencieuses
et tenaces ? »

Et ils s'en emparèrent si bien, que déjà, sous Philippe IV le Bel, il fut posé en principe, dit M. Augustin
Thierry, « que nulle commune ne pouvait s'établir sans
le consentement du roi, puisque le roi seul créait les
communes ; puis que toutes les villes de commune et de
consulat étaient, par le fait même, sous sa seigneurerie
immédiate. »

A partir de ce moment le régime communal change
de caractère. Au lieu de briser ces deux forces oppres-
sives : la royauté et la noblesse, il se laisse pénétrer par
elles. Les bourgeois prêtent aux rois subsides réguliers,
milices disciplinées. A leur indépendance d'autrefois a
succédé une sujétion effective. Elles-mêmes s'organisent,

se réglémentent sous la main de la monarchie, et de
libres associations se transforment en dociles instruments
du pouvoir central. Ceux de leurs membres qui s'enri-
chissent, forment bientôt un corps privilégié.

Heureusement qu'un vieux levain de rébellion fermen-
tait toujours au sein de la masse inaccessible, elle, aux
compromis de conscience et aux visées ambitieuses de
quelques-uns. D'autre part, le courant progressif, détourné de sa vraie route, la cherche ailleurs. Si la France
plébéienne de nos provinces s'était laissé prendre aux
habiletés des rois et aux subterfuges des légistes, restait
Paris.

Paris n'avait pas eu de commune, (le pouvoir central
de tous les temps s'y étant toujours opposé ;) mais elle
était alors, comme aujourd'hui, la ville du travail et de
l'intelligence, où l'on comprenait quelle étroite solidarité doit unir la main qui tient l'outil et la tête qui
pense.

Pendant que s'élevait sur une des rives de la Seine la
grande Université, parisienne et que tout un peuple
d'écoliers, accourus de tous les points de la France et
du monde, écoutaient les enseignement de ces docteurs
qui, mêlant Moïse et Aristote, posaient en principe la
souveraineté du peuple, sur l'autre rive, crépiniers de
fil et de soie, batteurs d'or et d'étaim, boucliers d'archal
et de cuivre, peintres imagiers, lampiers, potiers de terre,
merciers, blasonniers, couteliers, foulons, prêtaient une
oreille attentive à ces mêmes accents, se demandant par
quels moyens on pourrait faire descendre de semblables
théories dans la pratique.

C'est de cette union des travailleurs des bras et des travailleurs de l'idée, qu'allaient sortir, du milieu du XIV° siècle, ces États-Généraux qui prouveront, après l'élan communal, que la force vitale des nations est tout entière dans la tête des penseurs et au cœur du peuple.

II

LE TIERS AUX ÉTATS GÉNÉRAUX

La monarchie féodale avait tenu à ne point laisser s'éteindre la coutume des grandes Assemblées, non dans le caractère libéral qu'elles affectèrent chez nos aïeux des Gaules, qui ne songeaient qu'à se fortifier contre la tyrannie, mais dans leur caractère tout germanique et telles que les avaient utilisées les anciens rois, ne les réunissant que pour leur demander subsides et concours, c'est à dire pour fortifier leur pouvoir.

On avait donc vu, même aux époques les plus troublées, les représentants du clergé et de la noblesse venir siéger, deux ou trois fois par an, sans date fixe, autour de la personne royale. Aussitôt que les Communes furent tombées sous le joug du pouvoir central, le roi se hâta d'appeler à leur tour les députés de *ses bonnes villes*.

Chose étrange ! cette apparition du Tiers sur la scène politique, qui est aujourd'hui, à nos yeux, un des faits

2

les plus considérables de l'histoire, parut, selon M. Auguste Thierry, « peu digne d'intérêt pour les contemporains. » Le chef de la féodalité n'y vit qu'un moyen de se procurer de plus forts subsides pour ses guerroyements et son faste, et les bourgeois constatèrent, avec grand déplaisir, que ces déplacements n'étaient pour eux qu'occasion de dépenses personnelles et de taxes nouvelles pour leurs concitoyens.

Mais à peine le xive siècle vient-il de s'ouvrir, que déjà les délégués des Communes peuvent pressentir le grand rôle qui leur est réservé dans la réunion des trois ordres.

Le roi le plus absolu, le plus autoritaire de la race capétienne, Philippe IV est sur le trône. Son despotisme royal vient de se heurter au despotisme papal, qui réclame d'étendre sa souveraineté sur la couronne de France. Pour affirmer ses droits, le pape Boniface VIII réunit un concile ; pour maintenir le sien, Philippe IV fait appel aux Etats-Généraux, (1303).

Pour la première fois une question politique, d'une portée générale, va dominer l'Assemblée des représentants du pays. On comprend si bien qu'en cette circonstance, en face de la puissance étrangère qui s'appelle la papauté, le roi symbolise l'indépendance nationale, que personne n'hésite à lui prêter son appui. Les villes du Midi envoient leurs consuls ; celles du Nord, leurs échevins, et, dans ce solennel débat où barons et dignitaires de l'Eglise, siégeant à part, ne font entendre que de timides conseils, « ceux du commun peuple, » comme on disait alors, supplient le souverain de garder la franchise de son royaume, « qui est telle, ajoutaient-ils, que vous ne recognoissiez de vostre temporel souverain ni terre, fors que Dieu. »

L'omnipotence absolue accordée au prince faux-monnayeur, qui a si bien mérité d'être placé par Dante dans son immortel *Enfer*, pèsera bientôt si rudement sur les bourgeois, qu'ils se verront forcés, non plus de combattre les empiétements de la cour de Rome, mais les empiétements de la royauté elle-même.

Cette royauté vient de tomber aux mains des Valois, qui ouvrent, — nous l'avons dit en la préface, — une des ères les plus sombres de l'histoire de France : période de plaisirs et de guerres, d'insouciance et de ruines, période de décadence morale dont rien, même le goût des Lettres, qui ira se développant chez certaines classes, ne saurait nous faire oublier les calamités.

Philippe VI, attaqué dans son droit de succession à la couronne par le roi Edouard d'Angleterre, a ouvert la série de ces guerres, qui ne se fermera qu'au bout de cent ans. Il a marqué son règne par la terrible défaite de Crécy, amenée par sa folle imprévoyance, et où 11 princes, 80 bannerets, 1200 chevaliers et 30.000 soldats, restèrent sur le champ de bataille, sans compter deux corps de milices qui furent faits prisonniers le lendemain.

Ce lamentable début sera suivi, sous Jean II, son fils, de désastres plus lamentables encore.

Jean II ! Par quel mensonge ou quel caprice, ce roi a-t-il pu être surnommé *le Bon?* Même en donnant à ce mot le sens de *simple*, on ne saurait imaginer plus triste antiphrase. Prince fantasque et violent, prodigue et faux-monnayeur, comme son père ; plus incapable que lui et plus adonné au plaisir ; ne reculant point, pour se procurer 600.000 florins, de livrer sa fille Isabelle, âgée de onze ans, au plus féroce bandit italien, Jean Galéas Visconti ; (« Le roi de France, dit à ce propos le vieil historien Matteo Villani, vendit sa chair et son sang. ») Jean II ne semble se relever un peu, devant l'histoire, que pour être retourné à Londres, où il avait été fait prisonnier, reprendre la place d'un prince d'Anjou, son petit-fils, qu'il avait laissé comme l'un de ses ôtages, et qui s'était enfui. Mais comme bien vite il doit être rabaissé, quand on considère qu'après avoir payé sa rançon, si ruineuse (3 millions d'écus d'or, environ 250 millions de nos jours ;) après avoir signé l'infâme traité de Brétigny, qui livrait la moitié de la France à l'Angleterre, ce nouvel exil ne servait qu'à faire échapper le roi aux difficultés inextricables dans lesquelles il avait jeté son royaume ; et que, d'autre part, cette captivité il la passa, comme dit Froissart, « en grandes réjouissances et récréations, en disners, en soupers et en autres manières. » Il mourut d'une telle vie, dès l'âge de 44 ans. Tel fut Jean II. Nous le demandons encore : Comment un tel monarque a-t-il pu être surnommé *le Bon ?*

C'est sous son règne que vont s'accomplir tous les événements dont nous allons faire le récit : N'était-il pas juste de présenter tout de suite, et sous son véritable jour, cette physionomie du roi sur laquelle la plus fausse des appellations induit encore les esprits en erreur ?

Tous les faits qui vont suivre ne feront que justifier, hélas ! notre sévère jugement.

Prenons-le à ses débuts.

Le nouveau monarque, on vient de le voir, n'est qu'un homme de plaisir, un *jouisseur*, comme nous disons aujourd'hui : Il lui faut de l'argent à tout prix, de l'argent pour son droit de *joyeux* avénement, de l'argent pour son sacre, de l'argent et de l'argent toujours pour de nouvelles fêtes. Ayant épuisé, pour s'en procurer, la ressource des impôts, il avisa ailleurs.

La royauté avait acquis le privilége d'être seule à battre monnaie. Donner à cette monnaie tantôt un cours plus élevé, tantôt un moindre, ruiner ainsi le commerce en jetant la perturbation dans les transactions, mais s'ouvrir à soi-même une source de richesse, tel fut, durant de longs mois, le trafic honteux auquel se livra Jean II dit... *le Bon.*

Heureusement que tout s'épuise, surtout les plus véreux expédients. L'irritation des populations augmentait de jour en jour. Le roi comprit qu'il valait encore mieux revenir aux taxes, que de changer chaque semaine la valeur du marc ou de la livre tournois. Mais il comprit en même temps que pour prélever des taxes, il aurait besoin, comme on l'a dit, « d'une armée de percepteurs appuyée par une armée de sergents. » Que conclure ? Pour amener les villes à ne point recevoir à coups de pierres les collecteurs, il n'y avait qu'un moyen : faire voter les impôts par les représentants des villes elles-mêmes.

Le 16 Février 1351 les Etats-Généraux furent donc réunis.

Depuis 1303, il s'était écoulé un demi-siècle, durant lequel les bourgeois avaient mûrement réfléchi : Ils arrivèrent cette fois à l'Assemblée, non plus humbles et

2

soumis, mais mécontents et prêts aux murmures. Le roi
ayant présenté ses requêtes, on lui répondit qu'on ver-
rait, qu'on n'avait point le pouvoir nécessaire pour dis-
poser de l'argent des bonnes villes. Jean, furieux, ren-
voie ces mandataires récalcitrants. Il a recours aux Etats
provinciaux ; le même esprit d'opposition y souffle. Il
ne s'inquiète pas de ces signes précurseurs d'orage : il
ne cherche qu'à tourner l'obstacle, et à se procurer,
par des moyens illicites, les sommes qu'on lui refuse.
Cependant quatre ans ne sont pas écoulés, que de nouveau les Etats-Généraux sont réunis. (1355.)

C'est que l'ennemi, l'Anglais est à nos portes. Une
pensée commune anime les députés : celle de la défense
du pays. « Que les trois ordres délibèrent ensemble, » a
demandé une voix du Tiers, et les trois ordres délibèrent ensemble. Dans la grande salle du Parlement sié-
gent donc sur les mêmes bancs : la noblesse au manteau
rouge, le clergé revêtu de la chape épiscopale, les bourgeois dans leur robe de hure. Tous comprennent la responsabilité qui pèse sur eux.

Jean présente une demande d'argent pour l'entretien de trente mille hommes. On lui accorde cet argent,
à une condition, disent les députés de la bourgeoisie,
c'est que les nouveaux impôts destinés à produire cette
somme, seront supportés par tous, « par clercs ou laï-
ques, nobles ou non nobles, voire par le seigneur roy,
sa très chière compagne la royne, son très chier fils et
chaque membre de la famille royale. »

Puis, poussant plus loin l'audace, ils exigent qu'une
Commission, composée de neuf membres pris dans l'Assemblée, puisse se réunir sur l'heure, et que tous les

comptes de l'Administration financière soient entre ses
mains. Désormais cette Commission devra être chargée
du prélèvement et de la répartition des fonds, sans qu'il
lui soit permis de les manier elle-même. « A part cette
réserve, dit M. Perrens, quelle puissance n'avaient pas ces
délégués ! On leur donnait le droit de requérir tous les
sujets, tous les gens du roi, de leur prêter main forte, et
même celui de désobéir au roi, s'il donnait quelque ordre contraire aux résolutions des Etats. »

L'argent était voté, les mesures prises pour le toucher ;
il semble que les députés n'avaient plus qu'à se séparer :
il n'en fut rien.

Ils ont fait cette chose hardie : prendre à la royauté
sa part de souveraineté en matière de finance et la
donner à la nation. Ils ne s'arrêteront pas. En face du
pouvoir royal, ils dresseront leur propre pouvoir, et exi-
geront que les Etats deviennent une institution régu-
lière, au lieu d'être un expédient au service du bon
plaisir d'un maître.

De plus, ils aboliront le droit de prise, droit odieux,
que s'était arrogé l'arbitraire, de prendre, sans payer,
partout où passaient le roi ou les siens: chevaux, voitures,
denrées de toute espèce. Autorisation était donnée aux
pauvres gens de répondre désormais par la force, si
c'était nécessaire, aux menaces des officiers royaux. Et,
comme si les Etats eussent prévu à l'avance que les
pauvres gens pouvaient objecter qu'ils étaient sans
armes, depuis que le sire Roy protégeait les Communes,
on enjoignit au peuple de s'armer.

Le 28 décembre 1355, une ordonnance royale donnait
force de loi à ces réformes. Les trois ordres purent con-

sidérer leur mission achevée : ils l'avaient noblement et fructueusement remplie.

Ils avaient siégé un mois, et leur œuvre peut se résumer ainsi : Partage de la souveraineté entre le roi et la nation. Répartition de l'impôt, courbant la royauté elle-même sous la loi commune. Administration des finances commise, non à celui qui reçoit, mais aux délégués de ceux qui paient. Milice nationale réunissant, sous les drapeaux, tous les citoyens en état de porter les armes. En un mot : condamnation des vieux abus et priviléges, et premiers fondements jetés des sociétés modernes. Cette œuvre que Lally-Tolendal, en 1816, appelait LA GRANDE CHARTE DES FRANÇAIS, il avait fallu, répétons-le, *trente jours* pour l'accomplir.

Considérons nos Assemblées contemporaines, et nous, fils du XIXᵉ siècle, prêts à nous enorgueillir de nos progrès, inclinons-nous devant ces lutteurs d'il y a cinq siècles, qui parlaient moins que nous, mais qui savaient agir.

Trois hommes avaient dominé dans cette Assemblée : Charles de Navarre, gendre du roi, Robert Lecoq, évêque de Laon, et enfin Etienne Marcel, prévôt des marchands de Paris.

L'un représentait cette opposition libérale, qui vit du trône en le dénigrant. Prince du sang, ayant même par sa mère des droits à la couronne, Charles de Navarre ou le Mauvais, aspirait certainement à la royauté. Grâce à la séduction de ses manières, à son éloquence entraînante, il avait déjà gagné une énorme popularité. Cette popularité, il la doubla, en se mettant à la tête de la noblesse, pour l'inciter à l'indépendance. Ce rôle, où il fallait être à la fois près et loin de la monarchie, et tendre à la souveraineté en adoptant les idées du Tiers, demandait pour être joué un comédien habile : c'est ce qu'était Charles de Navarre, c'est ce qu'il restera toute sa vie.

Robert Lecoq, lui, d'une famille bourgeoise et sans fortune, avait appartenu à cette Université parisienne, qui était, ainsi que nous l'avons déjà montré, comme une république de l'intelligence, au milieu de l'Etat monarchique. Devenu avocat au parlement, puis évêque, Robert Lecoq n'en devait pas moins être un des plus fermes appuis de la démocratie naissante. Constamment uni à Etienne Marcel, tous les deux représentaient l'alliance de ces deux forces, qui venaient de si brillamment débuter aux Etats-Généraux : l'intelligence d'une part, les intérêts plébéiens de l'autre.

Quant à Etienne Marcel, arrêtons-nous devant cette grande et énergique personnalité. La veille encore elle était dans l'ombre, et elle va, durant trois ans, dominer l'histoire, à une de ces heures terribles qui eût pu, si on avait compris, secondé notre héros, devenir une heure de salut.

III

ÉTIENNE MARCEL

Au moment où s'ouvrirent les États-Généraux de
1355, Étienne Marcel était prévôt des marchands.
Quelle était cette charge, et quel était l'homme qui en
avait été investi ?

De bonne heure, Paris, grâce à sa position dans une
plaine vaste et féconde ; grâce à son fleuve, qui le met
en rapide communication avec les riches pays neus-
triens, Paris avait vu grandir dans ses murs ce qui
vivifie, fait prospérer une cité : la production et l'é-
change.

Déjà, sous les Gallo-Romains, de grandes barques
chargées de bois, de charbons, de denrées de toutes
sortes, s'en allaient, alors comme aujourd'hui, le long
des rives de la Seine, montées par les membres de
cette antique corporation de bateliers, qu'on appelait les
Nautæ-Parisiaci. Sous les rois francs, ils acquirent le

droit exclusif de naviguer de Nantes à Auxerre, et d'alimenter la ville dont la royauté avait fait son séjour.

Ce monopole les enrichit si vite, qu'ils jugèrent prudent de chercher une alliée dans la royauté, et ils lui promirent la moitié de leurs bénéfices. Ils avaient ainsi acheté, non-seulement la tranquillité, mais l'indépendance. Nous les voyons bientôt, en effet, se constituer en confrérie de marchandise de l'eau, ériger un tribunal pour juger les différends qui s'élevaient entre eux, et élire un chef, qui fut d'abord le prévôt des marchands de l'eau et, plus tard, le prévôt des marchands.

C'est qu'à côté du commerce de la navigation, d'autres commerces avaient grandi, formant, eux aussi, des associations, ayant leur chef respectif. Ces corps de métier vécurent quelque temps ainsi d'une vie isolée ; mais ils sentirent bientôt quelle puissance ils acquerraient en s'unissant. Ils se rapprochèrent donc, ne formèrent qu'un tout homogène, n'eurent qu'un unique prévôt, choisi à l'élection, pour deux ans, auquel ils adjoignirent quatre officiers ou échevins, ayant à leurs ordres une armée de serviteurs ou sergents.

Aucun des pouvoirs administratifs d'aujourd'hui, ne peut nous donner une idée du pouvoir du prévôt de Paris. Ce pouvoir qui s'étendit peu à peu de tout ce qui concernait les affaires commerciales de la grande cité, à tout ce qui comprenait l'ordre, la salubrité, l'entretien et percement des rues et chaussées, devint consultatif et arbitral ; il régla le mode des locations, (nos termes parisiens de trois mois viennent de là,) créa des taxes, nomma ceux qui devaient les recouvrer ; fut chargé de l'emploi des revenus de la ville, et, loin d'administrer conformément à des lois toutes faites, à des réglements imposés; loin d'obéir, en quoi que ce soit, aux vœux, à la volonté, à la politique du gouvernement royal, le prévôt des marchands était le maître absolu de ses actes, ne relevant que de ceux qui l'avaient élu, et qui étaient libres de lui ôter leur confiance ou de la lui continuer. Liberté entière, mais aussi responsabilité entière, telle était la situation du premier magistrat de Paris.

On le voit, si la grande cité n'avait point réclamé ses franchises municipales, c'est que depuis longtemps son industrie, son commerce formaient la libre cité du travail, dans la grande ville, où la monarchie avait élu domicile. Le *parlour aux bourgeois*, qui existait d'abord rue des Grés, puis au Châtelet, ne devait-il pas être à l'instar du beffroi des communes françaises, l'origine de l'Hôtel-de-Ville ?

Ce fut Étienne Marcel qui, en 1357, acheta, Place de Grève, un hôtel dit hôtel du Dauphin, et qu'on désigna sous le nom de *Maison aux Piliers*. C'est de là que le fier et énergique bourgeois imprimera aux États-Généraux, à Paris, et eût imprimé, si elle l'eût voulu, à la France entière, cet élan patriotique vers l'avenir, vers le progrès, dont on ne peut retrouver d'exemple que dans nos grandes Assemblées de la Révolution.

Que sait-on sur l'existence privée d'Étienne Marcel ?

Les chroniqueurs, si complaisants lorsqu'il faut relater les faits et gestes des personnes de familles royales ou seigneuriales, se taisent dédaigneusement sur les commencements de l'homme qu'ils jugent sans doute trop humble ou trop indigne pour figurer à côté de ces brillants personnages qu'il devait si bien éclipser devant l'histoire.

Nous trouvons néanmoins, dans un manuscrit du temps que le prévôt était issu « de personne estrange et ennemye du royaume, comme par ses faits assez il démontra » Ici, il y a un flagrant mensonge, car il est certain qu'Étienne Marcel appartenait à une ancienne famille de bourgeois, enrichie dans le commerce de la draperie, une des plus importantes branches du négoce d'alors. Ses armes portent d'azur à trois griffons ailés d'or à la bande d'azur, chargée de six carrés de gueules brochantes. Il avait épousé Marguerite des Essarts, fille d'un favori de Philippe de Valois, et en eut six enfants.

Quant à l'enfance, à la jeunesse, aux études de cet homme extraordinaire ; quant aux circonstances qui précédèrent son entrée sur la scène politique, toute cette physionomie intime nous fait défaut. Un portrait est resté de lui. Nous l'y voyons dans sa beauté sévère. Cette tête puissante qu'encadre une chevelure touffue est à la fois celle d'un penseur et d'un tribun. Il n'avait point d'éloquence, dit-on. Qu'entend-on par éloquence ? Les discours aux brillantes périodes ? L'art de mentir en persuadant qu'on dit la vérité ? Non, Étienne Marcel ne devait point avoir cette éloquence là. Mais de cette poitrine de patriote qu'animait seul l'amour du bien public, devaient sortir, n'en doutons point, de ces mots vibrants et sincères qui remuent les foules, de ces cris de sainte colère qui les entraînent.

Il était apparu pour la première fois aux-États-Généraux de 1365, et nous savons dans quelle voie de

3

réformes était entrée l'Assemblée. Mais on eut à peine le temps de songer à leur application, car l'année n'était point achevée, que déjà un cliquetis d'armes retentissait sur tout le sol de la France.

Le prince Noir, fils aîné du roi d'Angleterre, quittait les provinces du Midi où il s'était installé, et remontait vers le Nord. Son but était d'envahir la Normandie, dont le roi Jean avait excité le mécontentement, l'indignation, en faisant arrêter et emprisonner, sans aucun prétexte, son gendre, Charles de Navarre. Mais le prince Noir n'eut pas le temps d'atteindre cette province : une armée de chevaliers lui barra le passage, et une bataille devint imminente.

Si, comme l'a dit Turenne, « Dieu est du côté des gros bataillons, » cette fois, à n'en pas douter, la victoire allait appartenir aux Français : Ils étaient plus de cinquante mille, contre dix mille Anglais. Et ces derniers étaient presque tous de pauvres diables, archers et fantassins, armés de hallebardes, de maillets de plomb, de flèches et de piques, tandis que de l'autre côté, se trouvaient presque toute la noblesse de France, le roi, ses quatre fils, 26 ducs ou comtes, 140 seigneurs bannerets et une foule immense de chevaliers, lance au poing, montés sur de fiers chevaux, *tous de pur sang*, hommes et bêtes, car ils avaient refusé le concours des petites gens, de ceux de l'infanterie, « de la piétraille, » ainsi qu'on disait alors.

La rencontre eut lieu, le 19 septembre 1356 dans les champs de Maupertuis, aux portes de Poitiers. On sait le dénoûment. Les gentilshommes, qui riaient avant le combat de la témérité de leurs ennemis, lâchèrent pied dès le premier engagement. Le dauphin donna l'exemple de la fuite ; son frère le duc d'Orléans l'imita. Ce fut une déroute honteuse, un mépris de l'honneur comme il ne s'en était jamais vu. Ceux qui ne purent profiter de cette fuite et restèrent sur le champ de bataille, tendaient leurs épées d'aussi loin qu'ils voyaient les Anglais, en demandant grâce et merci. Dix-sept comtes, un archevêque, soixante-dix barons, deux mille chevaliers et écuyers tombèrent ainsi aux mains du prince Noir. « Les Anglais, dit M. Duruy, se trouvèrent bientôt avoir deux fois plus de captifs qu'ils n'avaient de soldats. »

Parmi ces captifs était le roi Jean.

Lorsque dans les villes, dont ont avait dédaigné l'appui, on apprit un pareil désastre ; lorsque dans les campagnes on vit reparaître les nobles, ceux-ci demandant aux serfs et vilains de payer leur rançon ; ceux-là de remplir de nouveau leurs escarcelles vides, tant d'insolence jointe à tant de lâcheté, souleva un sentiment général d'indignation et de mépris. La France se sentit une dans son courroux contre ces hobereaux orgueilleux et incapables, qui venaient de la conduire à la défaite.

Fait caractéristique ! le roi échappait à cette colère. Craignait-on, en jetant le blâme à la personne royale, d'atteindre la royauté, et le besoin d'un maître, cette plaie que le temps devait agrandir, avait-elle déjà gagné le cœur de la France ? Quoi qu'il en fût, le fils aîné du roi, le Dauphin, un frêle et pâle jeune homme de 19 ans, qui, nous l'avons dit, avait le premier déserté le champ de bataille, ne parut point un appui suffisant pour cette nation penchée sur l'abîme.

Paris fut la première ville à en avoir l'idée nette. Hardiment, elle transporta le pouvoir de la royauté à la bourgeoisie, et chargea son premier magistrat de la sauver.

Étienne Marcel se trouva à la hauteur de cette tâche. En un mois, la grande cité fut mise en état de défense. Mais il fallait faire plus, il fallait en refaire les murs. Philippe-Auguste avait mis trente ans pour entourer Paris d'une enceinte, le prévôt en mit quatre pour construire des remparts si solidement établis, si bien garnis de créneaux et de guérites, que l'historien Froissard, le partial Froissard lui-même, ne peut s'empêcher de rendre hommage au patriotique bourgeois.

Mettre Paris à l'abri d'un coup de main avait été la première préoccupation de Marcel. Il s'agissait maintenant de mettre les Parisiens eux-mêmes en état de se défendre. Tout homme valide fut aussitôt appelé à porter une arme. Les rues et places devinrent le théâtre d'exercices militaires, et, en peu de temps, on put voir de paisibles citoyens, habitués au négoce et aux travaux de l'industrie, former une armée de vingt mille hommes, qui, non-seulement avaient acquis le métier du soldat, mais portaient au cœur le patriotisme, qui double les forces et triple le courage.

Mais si Paris pouvait fièrement attendre l'ennemi, derrière Paris était la France. Etienne Marcel ne l'oublia pas. Il comprit avec un sens politique, que, dans de plus récents désastres, d'autres hommes au pouvoir n'ont point possédé, il comprit que la première chose à faire, dans le grand désarroi du pays, c'était

de convoquer les États, c'est-à-dire de réunir, de rapprocher, de grouper tous les représentants de cette
nation vaincue, écrasée, et de chercher dans cet immense concours de toutes les énergies, de toutes les
initiatives, de toutes les bonnes volontés, les remèdes
les plus prompts pour sauver la patrie.

L'autorité du prévôt ne dépassant pas les bornes de
la ville dont il était le premier magistrat, il fallut,
pour agir en cette circonstance, avoir recours à la signature de cette ombre royale, qu'on appelait le Dauphin. Celui-ci venait de prendre le titre de lieutenant
du roi de France. Ce fut comme tel qu'il signifia aux
Etats d'avoir à se réunir, à Paris, pour le 17 octobre.

IV

ETATS-GÉNÉRAUX DE 1356

Jamais Assemblée ne s'était formée dans des circonstances aussi graves. Ils étaient là huit cents députés : quelques nobles, ayant encore sur leurs figures l'effarement de la défaite et la honte de leur lâcheté. Puis, des membres du clergé en assez grand nombre, et quatre cents bourgeois, dont les chefs portaient ces noms humbles hier, grandis tout-à-coup ou appelés à grandir encore, ces noms d'Etienne Marcel, de Robert Lecoq, de Charles Toussac, échevin, de Robert de Corbie, professeur illustre de l'Université.

En présence de la société féodale, si laborieusement organisée, et qui présentait alors le spectacle lamentable d'un corps, sans la tête qui la dirige et sans les bras qui le défendent, le roi étant captif, la noblesse disséminée, chacun sentait que l'heure des fictions était évanouie ; que les supériorités réelles du savoir et de l'intelligence allaient prendre le dessus sur toutes ces vaines supériorités nobiliaires savamment hiérarchisées, qui tenaient les plus hauts échelons sociaux. On percevait aussi, vaguement, que ce maladif jeune homme, le duc de Normandie, entre les mains de qui reposait l'autorité royale, n'était en réalité qu'un fantôme réduit à l'impuissance.

Et tous les regards se tournaient involontairement vers le Tiers. Cette classe nouvelle, si ardemment combattue jadis ; ces manants, si hautement méprisés et qui avaient versé tant de larmes et de sang pour devenir des citoyens libres, aujourd'hui c'était d'eux, d'eux seuls qu'on attendait le salut. Aussi, dès les premières séances, par un accord tacite, l'entier pouvoir de direction leur fut remis.

Ils demandèrent tout d'abord la création d'un comité de quatre-vingts membres, choisis dans les trois ordres, et chargé de rechercher les abus, les vices, les crimes de l'administration gouvernementale. Ces hommes de droiture et de profonde politique, avaient résolu, avant de fonder l'avenir, de liquider le passé. Ils allaient donc se poser non point en vengeurs, mais en justiciers, en face de ces gentilshommes devenus, par faveur ou intrigue, les conseillers du roi, et qui, depuis Philippe-le-Bel surtout, n'avaient fait que gaspiller, voler l'argent du trésor.

Ces derniers, se sentant visés, espérèrent intimider leurs juges en se rendant aux séances de la Commission. Etienne Marcel, devançant l'attitude que quatre siècles plus tard un autre député du Tiers, Mirabeau, devait avoir en face d'un représentant du roi, Etienne Marcel se leva et déclara net et ferme « que les gens des trois Etas ne besoigneraient point, tant que les gens du Conseil du roi fussent avec eux. » Les conseillers ne se rendant point à cette injonction de se retirer, le Comité suspendit aussitôt ses délibérations. Les gentilshommes se voyant vaincus par les bourgeois, quittèrent la salle des séances.

Cette première tentative avortée de l'autorité royale contre l'indépendance des Quatre-Vingts, montra à ceux-ci la voie qu'ils avaient à suivre. Ils portèrent tout d'abord une main hardie sur les finances administratives. Ils purent y mesurer tous les maux qu'enfante l'arbitraire, et opposer aux désordres, aux dilapidations qui s'étalaient sous leurs yeux, l'ordre, la probité apportés par eux dans la gérance des affaires de la cité. Il fallait couper le mal dans sa racine. Donner satisfaction à la conscience publique, en demandant la punition des Conseillers les plus compromis, et, pour empêcher désormais la puissance royale de nuire, la soumettre aux Etats, munis des pouvoirs de la nation.

Comment Etienne Marcel et ses amis furent-il secondés dans leurs dessins anti-monarchiques, par la noblesse et le clergé? On l'ignore, rien n'étant resté des procès-verbaux de ces mémorables séances du Comité. Les nobles humiliés n'osèrent-ils pas protester? Le Clergé, instruit et adroit, se rangea-t-il du côté de ceux qu'il sentait les plus forts? Quoi qu'il en soit, après quinze jours de délibération, chacun put présenter à son ordre respectif les résolutions prises : elles furent approuvées.

Il s'agissait maintenant, avant la séance publique, de les communiquer au Dauphin. Dieu sait avec quel sen-

timent de défiance et de crainte, le jeune prince se rendit
au milieu de ces hommes, qu'il sentait être devenus ses
maîtres ! On voulut d'abord l'adoucir ; on lui fit savoir
qu'on lui accordait des subsides pour la levée de trente
mille hommes. Seulement, l'archevêque de Rouen, qui
n'était en ceci que le porte-voix de l'Assemblée, ajouta
que les Etats n'agiraient pour l'établissement et la levée
des taxes, « qu'au cas où lesdites aides plairaient aux
gens des trois Etats par lesquels ils avaient été envoyés. »

Ainsi donc, dans cette grave question des impôts, un
appel direct à la nation paraissait nécessaire à ces
hommes de bonne foi qui, armés de leur mandat, n'en
restaient pas moins les serviteurs de leurs commet-
tants.

Il restait trois requêtes à présenter au duc de Normandie : dans la première, on le priait de rendre la liberté à son beau-frère, Charles de Navarre, injustement
emprisonné ; dans la deuxième, on le sollicitait de
livrer sept de ses conseillers dont les extorsions étaient
les plus manifestes ; dans la troisième, où se trouvait
contenue toute une révolution, on requérait celui qui
représentait le roi, de n'avoir plus à s'entourer de
gentilshommes choisis à sa guise, mais de vouloir bien
accepter un Grand Conseil exécutif, composé de quatre
prélats, douze chevaliers et douze bourgeois, pris parmi
les députés. Ce Conseil était nommé par l'Assemblée,
et interdiction était faite au prince d'en changer.

Les contemporains, à courte vue, ne virent dans cette
dernière mesure que la prétention des Etats à remplacer
la tyrannie royale par leur propre tyrannie. Froissard se
fait l'écho de cette opinion :

3*

« Toutes manières de choses, dit-il, se devaient dépos-
ter par ces trois Etats et devaient obéir tous autres prélats, tous autres seigneurs, toutes communautés des
cités et des bonnes villes, à tout ce que ces trois Etats
feraient et ordonneraient. »

Le bon Froissard n'oublie qu'un point : c'est que ces
tyrans nouveaux rendaient d'eux-mêmes leur tyrannie
impossible. Sans doute, ils subordonnaient la royauté
aux Etats-Généraux, mais, d'autre part, ils rendaient ces
mêmes Etats-Généraux dépendants de la nation. C'est
ainsi qu'au lieu de se reconnaître le droit de nommer
aux offices et fonctions qui, autrefois, ressortaient du
bon plaisir du roi, ils soumettaient à l'élection ces mêmes
offices et ces mêmes fontions.

Le duc de Normandie avait écouté en silence les ré-
montrances des députés, et, selon les termes expressifs
d'un vieux manuscrit, « il les avala, comme le malade
fait des pilules qui lui sont ordonnées par le médecin. »
Mais à peine fut-il en dehors du lieu des séances, qu'il
réunit ses conseillers ordinaires, et ensemble ils avisè-
rent aux moyens d'échapper à la situation nouvelle qui
leur était faite.

Un seul de ces moyens parut bon, celui auque' toujours
recours un gouvernement aux abois : le co. d'Etat. Ce
coup d'Etat consistait à empêcher toute publicité de la triple requête de la Commission, et, pour arriver à cette fin,
lasser la patience des représentants de la province, en
ajournant de délai en délai la première séance publique,
de telle sorte que l'Assemblée serait dissoute de fait,
avant que le Tiers pût faire connaître le terrible cahier

Le vieux Louvre

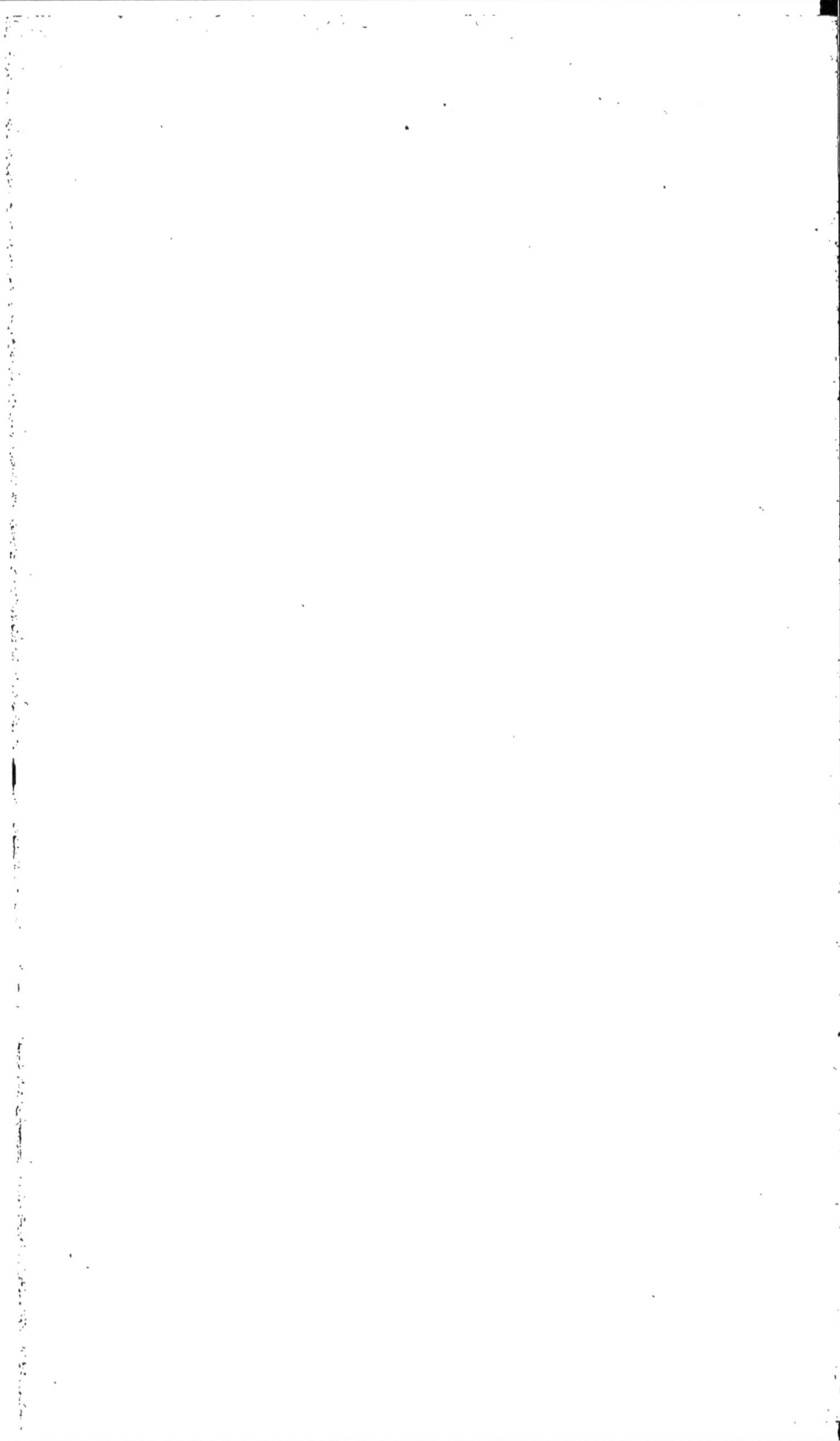

des doléances, qui portait comme conclusion les trois fameuses requêtes.

Le Dauphin faillit réussir. A force de lenteurs et de retards calculés, il avait amené un grand nombre des députés de la bourgeoisie à reprendre le chemin de leurs villes, où les attendaient et la famille et les affaires en souffrance. Enfin, le 3 Novembre fut fixé comme date définitive de la séance de clôture. Etienne Marcel et ses amis se préparaient à cette séance, lorsque, la veille, le duc de Normandie les fit appeler au Louvre, dans son palais fortifié. Là, entouré de ses familiers, de ses complaisants, il déclara qu'obligé de se rendre à Metz auprès de son oncle l'empereur Charles IV, il ajournait de nouveau la communication des vœux des Etats.

Le prince s'était exprimé avec une feinte bonhommie et une sorte d'humilité, qui trompa ces hommes simples peu habitués à l'hypocrisie des grands. Ils se retirèrent sans protestation ; mais, à peine dehors, la situation leur apparut dans toute sa vérité.

Où voulait en arriver le dauphin, sinon à annuler leurs délibérations ; entraver à l'aide de l'autorité royale la libre expression des désirs populaires, et se soustraire aux conditions nouvelles, auxquelles la nation entendait soumettre la Monarchie ? Ils n'hésitèrent point. La nuit se passa à s'entendre, et, le lendemain, les Parisiens purent voir ce spectacle qui, quatre siècles plus-tard, devait se renouveler à Versailles, à la salle du Jeu de Paume, ils purent voir les Quatre-Vingts et leurs collègues, présents à Paris, se rendre aux Cordeliers, et, passant par dessus la convocation royale, se constituer hardiment en séance publique. Qu'importait que l'om-

bre du monarque fût absente ! Le peuple était là, et c'est
à lui, c'est à la France maintenant qu'on s'adres-
sait.

Robert Lecoq fut chargé de prendre la parole devant
cette assistance frémissante. L'éloquent ami d'Etienne
Marcel avait à dresser l'acte d'accusation de la royauté,
et à dérouler en même temps le programme des justes
revendications du pays. Il démontra que, si rien n'avait
été fait pour soulager, guérir les maux dont souffrait la
nation, la faute en était à ceux qui, après avoir demandé aide et assistance, refusaient la main qu'on
leur offrait. Allant plus loin, il ajouta : « On a déjà dé-
posé des rois en France. » Et, après avoir donné connais-
sance des demandes des trois ordres, il présenta cette
motion : que tous les députés prissent copie des résolutions arrêtées et les fissent connaître à leurs commet-
tants.

Le duc de Normandie avait voulu empêcher la publicité : sa manœuvre était déjouée. Les représentants de la
nation pouvaient se séparer sans risque. Chacun d'eux
avait en main la preuve qu'il avait consciencieusement
accompli son mandat, et tous surtout emportaient, dans
leur âme, de ce souffle d'indépendance qui, des chefs de
la représentation parisienne, avait passé sur les députés
provinciaux.

Désormais, la lutte etait ouverte entre la royauté et la
démocratie française.

Le lieutenant du roi comprit, trop tard, qu'on ne se
joue pas impunément des volontés d'un pays. Il avait
voulu régner sans contrôle, et pour régner, il se trou-

vait sans argent et sans soldats. Réduit à la plus dure
des extrémités : celle de l'humiliation, celui en qui se
résumait la souveraineté royale, vint supplier Etienne
Marcel de lui fournir une armée. Etienne Marcel répondit qu'il n'était que le prévôt de Paris, et ne pouvait
rien sans les Etats.

Le Dauphin se retourna vers les provinces, Il y expé-
dia des Commissaires, chargés de réclamer directement
l'aide au nom du roi. L'accueil qu'ils y reçurent, con-
vainquit bientôt Charles de la solidarité étroite qui unis-
sait chaque partie de ce grand tout qu'on appelle une
nation. De toutes parts, avec un admirable accord, les
Etats provinciaux refusèrent des subsides et, s'ils les
accordèrent, avec un admirable ensemble, les populations ne voulurent point obéir.

Forcé dans ses derniers retranchements, le duc de
Normandie eut recours au vieux jeu de l'altération des
monnaies. Etienne Marcel défendit aussitôt aux commer-
çants, ses administrés, d'accepter cette monnaie dans
leur négoce.

Furieux, le prince assigna rendez-vous au prévôt, sous
prétexte de s'entendre avec lui. Etienne Marcel jugea
prudent de ne s'y rendre qu'accompagné de ses amis,
et suivi d'hommes armés. Il put s'apercevoir, en effet,
que non seulement sa liberté, mais peut-être sa vie
étaient en cause. Les Conseillers du duc l'attendaient
près de Saint-Germain-l'Auxerrois, entourés d'une nombreuse escorte. Ils le sommèrent de ne plus s'opposer à
la circulation des monnaies : celui-ci refusa. Des menaces
se firent entendre. Le chef de la municipalité parisienne
ne se laissa ni ébranler ni intimider, et se retirant fièrement, il répondit à la tentative du Dauphin contre sa

personne, en donnant ordre aux métiers de se mettre en grève, et aux Parisiens de s'armer.

Devant la grande cité debout ; sentant derrière Paris tout un peuple résolu à faire prévaloir ses droits, il ne restait plus au duc de Normandie, s'il ne voulait succomber, qu'à réunir les Etats. Sur la demande d'Etienne Marcel, c'est ce qu'il se hâta de faire.

V

LA GRANDE ORDONNANCE

La royauté était vaincue. Aussi, ce fut-il un grand jour pour la nation, le jour où ses députés reparurent dans cette salle des Cordeliers, d'où on les avait cru à jamais bannis.

On était au 5 Février. Il n'était venu de la province que des hommes énergiques, bien décidés à extraire toutes les conséquences des prémisses posées dans l'Assemblée précédente. Leur premier soin fut de rédiger le cahier des réformes à obtenir, et de le soumettre à chaque État provincial. Ayant obtenu l'assentiment de tous, ils convoquèrent le dauphin en séance publique.

Cette séance eut lieu le 3 Mars. Trois semaines venaient donc de suffire à ces politiques actifs, et qui marchaient d'un pas si ferme, animés qu'ils étaient par l'amour du bien public, pour étudier, élucider, préparer, rédiger un système nouveau de gouvernement.

Revêtu de la pourpre, assis sur son trône, entouré de

ses frères et de tous les officiers de la couronne, le lieutenant du roi paraissait encore le maître, en face de ces
hommes, tête découverte, qui se tenaient respectueuse-
ment debout et à distances...

Mais, lorsque de leurs rangs sortit l'orateur des États,
Robert Lecoq, avec son terrible cahier de doléances à la
main, les fronts les plus superbes durent pâlir, car cet
homme n'était que l'écho des revendications de tout un
peuple.

L'ami d'Etienne Marcel commença par dérouler le
tableau des misères publiques. Ici, il montra les seigneurs échappés de Poitiers, arrachant à leurs vassaux
leur dernière obole, à leurs serfs leur dernière bouchée
de pain, pour payer leur rançon d'abord, et vivre en-
suite du travail d'autrui. Là, il fit entrevoir les villes
manquant de subsistances, et pillées par les officiers
royaux et les soldats débandés, et, partout, à côté de
l'abus, la révolte sourde ; en face de l'arbitraire exercé
par ceux qui se croyaient les maîtres, la rébellion
d'hommes qui ne voulaient plus être esclaves. Et
pourquoi tous ces maux ? Parce que le royaume était
mal gouverné ; parce qu'on ne tenait pas les promesses
faites ; parce qu'on opprimait les petits, pour fournir au
luxe, aux largesses, aux dilapidations des grands.

Après Robert Lecoq, Jean de Picquigny pour la noblesse, Colard le Chauceteur pour les bonnes villes,
Etienne Marcel au nom de la bourgeoisie parisienne,
prirent la parole, et, selon l'expression du temps, « avouè-
rent » l'orateur du Tiers-État. Tous s'accordèrent à demander au duc de Normandie, comme première mesure
à prendre, que les sept officiers royaux désignés dans

la première session, fussent privés de leurs offices et de leurs biens, et à ces sept noms ils en ajoutèrent quinze autres. Puis, comprenant qu'il ne suffirait point d'écraser le ver rongeur au centre, si on le laissait subsister dans toutes les extrémités, ils exigèrent que les officiers du roi, envoyés dans les provinces, fussent, eux aussi, provisoirement suspendus, jusqu'à ce qu'on eût examiné leurs actes.

Après avoir écarté ou fait condamner ceux qui avaient abusé du pouvoir, l'Assemblée avait à édifier un tel ordre de choses, qu'il ne fût plus possible à l'abus de s'y produire et que le privilége en fût à jamais banni. On vit paraître alors la *Grande Ordonnance*, qui contenait, en soixante articles, toutes les réformes demandées par les États, tant au point de vue administratif et financier qu'au point de vue judiciaire et militaire.

On se demande comment cette vaste série de lois organiques, put éclore avec une telle rapidité dans le cerveau de ces hommes du XIVe siècle, que rien n'avait préparés à la vie politique. Aucun d'eux, en effet, n'avait pâli sur les vieux textes, aucun d'eux ne s'était essayé à la langue menteuse des légistes, et l'exemple de la Rome impériale ne les séduisait guère. Ce n'étaient que des âmes simples et droites, allant d'elles-mêmes à la justice ; c'étaient des caractères qui mettaient tout ce qu'il y avait en eux de lumière, de fermeté, de dévoûment, pour faire descendre cette justice de sa conception idéale dans la réalité des choses.

Etienne Marcel surtout avait inspiré la *Grande Ordonnance* ; Robert Lecoq l'avait écrite ; le dauphin la promulguait en son nom. Pauvre prince ! On l'obligeait, dans le préambule, à déclarer humblement que la royauté n'était bonne qu'à « grever et dommagier » le peuple, que le royaume n'avait été gouverné jusqu'alors que par « gens avaricieux, convoiteux et négligens; » qu'il fallait par conséquent ôter la direction de la chose publique à ceux qui n'y avaient trouvé que sujet de spoliations, c'est-à-dire les gentilshommes, et la donner aux représentants de la nation, c'est-à-dire aux États-Généraux.

Et, pour que les États-Généraux eussent un œil ouvert sur les agissements du pouvoir et l'exécution de ses propres volontés, ils se réuniraient par an deux fois, et plus, si c'était nécessaire, et laisseraient en permanence, auprès de la royauté, une Commission de trente-six membres. A cette commission serait donné le droit de nommer à toutes fonctions, non soumises à l'élection, et le cumul était formellement interdit aux fonctionnaires, à quelque ordre qu'ils appartinssent.

Maîtres ainsi du gouvernement à l'intérieur, les États étendaient leur souveraineté jusque sur les affaires extérieures, obligeant le lieutenant du roi à ne point déclarer la guerre, et à ne faire ni paix, ni trêve, que du consentement de l'Assemblée.

Après la grande réforme administrative, vint la grande réforme des finances. Ah! c'était surtout ces finances, dont rois et grands avaient abusé ! Taxes de toutes sortes, spoliations, fausse monnaie, emprunts forcés et banqueroute, tel était le bilan financier de la monarchie, surtout depuis Philippe le Bel. Et à quoi avait servi cet argent fabriqué à volonté ou levé sur les sueurs des tra-

vailleurs, sinon à payer brocard des habits et dorure
des palais, parades de courtisans et amours de courti-
sanes?

Le mal était profond : il fallait y appliquer un violent
remède. Les États se déclaraient donc seuls en droit de
voter, de lever les impôts, et d'en répartir l'emploi. Désormais, plus d'emprunt forcé,et la seule monnaie ayant
cours devait être conforme à l'instruction et aux patrons
qui se trouvaient entre les mains du prévôt de Paris.

Quant au dauphin, il s'engageait par serment, à modérer ses dépenses, et à n'ouvrir le coffre royal ni à ses
officiers ni à leurs amis. Ne faut-il pas nous écrier ici
avec Frédéric Morin : « Serment de prince et de favoris
de prince ! Naïf Marcel ! que n'avez-vous cherché une
autre garantie ? »

Apporter de l'ordre dans le chaos financier était chose
urgente ; ne point introduire de l'équité dans le système
judiciaire, c'eût été ne remplir qu'à moitié la première
tâche, puisque la magistrature, au XIVe siècle, ne faisait
que consacrer la spoliation des grands sur les petits.

L'ordonnance de 1356 fit tout d'abord de cette magistrature, non plus une propriété, mais une fonction.Cette
mesure immense eût pu suffire, à elle seule, pour transformer la Justice. On jugea nécessaire de lui donner
d'autres garanties.

C'est qu'il s'en passait de belles dans les tribunaux !
Organisés par les nobles et pour les nobles, on y distin-
guait leurs crimes des crimes des roturiers. Pour les premiers, on pouvait presque toujours entrer en composition ou se racheter avec de l'argent. Mais pour les vilains, pas de remise ! La pendaison haut et court était le

moindre supplice du malheureux. S'il était innocent et
que quelque puissant personnage eût intérêt à le voir
condamné, il était traîné de juridictions en jurid ctions,
devant « maistres d'ostel, maistres de requête d'ostel,
lieutenants, connestables, maréchaux, admiraux, maistres
des arbalestriers, maistres des eaux et forêts, » et, parmi
tant de juges circonvenus, achetés peut-être, comment
ne s'en serait-il pas trouvé un disposé à punir ?

Ils le comprenaient si bien, les pauvres gens, qu'ils
préféraient presque toujours courber la tête sous leur
première condamnation : leurs maîtres n'étaient-ils pas
les maîtres ?

Et c'est ainsi que, par la résignation des uns et l'impunité des autres, on voyait s'accroître le mal. Les États
voulurent l'arrêter court. D'une part, ils interdirent
toute espèce de composition [1], rendant ainsi égaux, devant la Justice, le noble et le non noble. D'autre part,
ils retirèrent au roi le privilége de remettre une condamnation, lorsque cette condamnation porterait sur
meurtre, violences, incendie, guet-à pens.

Pour mettre fin à d'autres abus, le droit de chaque tribunal fut réglé et son devoir tracé. Ordre fut donné aux
baillis et vicomtes de juger conformément à la *loi* ou à
la *coutume* : On supprimait ainsi le hasard et l'arbitraire
qui déterminaient trop souvent les jugements rendus.
On mettait des limites au salaire excessif réclamé par
les juges aux vilains, et les lenteurs calculées de la Justice étaient sévèrement réprimées.

Restaient maintenant les réformes militaires. On sait

---

[1] Racheter sa condamnation avec de l'argent.

que, depuis l'établissement de la féodalité, la France
n'était plus qu'un vaste champ de bataille, où les seigneurs guerroyaient de castel à castel, jetant l'épouvante, semant la ruine. Que pouvaient faire serfs et vilains contre ces hommes qui, au lieu d'être les exécu-
teurs des lois, n'en étaient que les prévaricateurs !

Le premier soin des États fut d'interdire toute guerre
privée et, en cas d'attaque ou de violence, il fut prescrit
au peuple de porter des armes, droit qui jusqu'alors
n'avait appartenu qu'à la noblesse. On constituait ainsi
une immense garde-nationale, capable de s'opposer, s'il
en était besoin, aux empiétement de ceux qui détenaient
le pouvoir.

Après cette rapide analyse, convenons, que de toutes
les Constitutions qu'ont élaborées, depuis cette époque,
monarchies et républiques, seule, la *Déclaration des
droits de l'homme*, par sa splendide notion de la Liberté et
de l'Egalité, peut être mise au-dessus de ce monument
législatif de 1356, qu'on appelle la *Grande Ordonnance*.

En effet, si l'œuvre de nos pères du XIVᵉ siècle fût entrée dans la pratique ; si son éclosion n'avait pas été
étouffée par les éléments qui lui étaient contraires, la
France rentrait dans la voie progressive qui lui eût à
jamais évité les révolutions. La royauté, annihilée par
les États, se serait éteinte d'elle-même ; les villes eussent
été rendues à l'expansion de leurs franchises communales ; ces franchises se fussent étendues de la cité aux
campagnes ; tout cet ensemble de priviléges injustes,
de vanités folles, de luttes fratricides entre classes, tout
ce qui était développé par l'esprit autoritaire et corrup-
teur du pouvoir monarchique, aurait disparu sous l'i

fluence du gouvernement de tous par tous et pour tous.

On eût vu la nation, tout en restant indépendante dans chacune de ses parties constitutives, s'unifier, grâce aux communications rendues de plus en plus faciles, grâce à l'industrie se développant, à la science près d'éclore, grâce surtout à cette loi morale, qui aurait amené le triomphe, sur les droits fictifs de la naissance et de la fortune, des droits imprescriptibles du savoir, de l'intelligence et du travail.

Et, au lieu d'une société, où, après cinq siècles, se heurtent dans le chaos les éléments monarchiques et les éléments républicains, nous serions arrivés à la magnifique éclosion de la démocratie.

Tel était le plan de ces deux tribuns et profonds politiques : Etienne Marcel et Robert Lecoq.

Nous savons que les plus autorisés et les plus illustres historiens ont dit et répété que ce plan était prématuré. Nous ne pouvons penser comme eux.

La *Grande Ordonnance* avait été acceptée par les représentants du pays. Si les nobles, en y donnant leur adhésion, ne s'étaient pas promis de la trahir ; si le roi, en y apposant sa signature, ne s'était juré de la réduire à néant, ceux qui en furent les auteurs ne seraient point accusés de s'être trompés de jour et d'heure. Non ! L'heure qui sonne le réveil d'un peuple est toujours propice ; le jour qui de l'esclave veut faire un être libre, n'est jamais trop proche. Seulement, hélas ! l'éternelle lutte des bons et des mauvais instincts de l'homme, dans le choc des événements, fait pencher la balance de ses

destinées tantôt vers le progrès, tantôt vers la rétrogra-
dation.

Durant la phase historique qu'il nous reste à dérouler, nous allons voir la France tiraillée dans ces deux
sens contraires. Paris, la grande ville intelligente, avec
ses chefs éclairés et actifs, marquera le pas en avant vers
la lumière ; la province, prête à le suivre, reculera bientôt, et, trompée par de fausses lueurs, reprendra la voie
ténébreuse. La royauté triomphante posera son pied sur
le front sanglant de la patrie, et lé cadavre d'Etienne
Marcel ne sera plus que le symbole du droit vaincu et
de la justice assassinée.

VI

LUTTE DE LA BOURGEOISIE PARISIENNE CONTRE LA ROYAUTÉ

A peine la *Grande Ordonnance* est-elle promulguée, que ceux dont elle attaque ou veut diminuer le pouvoir, se mettent à l'œuvre pour la détruire.

Du fond de sa captivité, c'est le roi Jean qui ordonne aux populations de désobéir aux Etats, et de ne point payer l'aide qu'ils réclament. Ce sont les tribunaux qui refusent de juger les officiers coupables, qu'on leur a déférés. Ce sont les nobles qui, voyant grandir la puissance du Tiers, en ressentent à la fois humiliation et épouvante, et se mettent à le combattre par toutes les armes, surtout celle de la calomnie.

On va disant partout qu'Etienne Marcel ne cherche qu'à s'enrichir, et ceux parmi lesquels se répand ce mensonge, ignorent que la fortune du prévôt de Paris était faite avant son entrée au pouvoir, et qu'en s'engageant dans la lutte, il a eu tout à perdre, rien à gagner. On va répétant encore que le Conseil qui s'est chargé des destinées du pays, n'est pas libre, que quelques ambitieux y dominent seuls, et, pour preuve, on montre l'archevêque de Reims, Pierre de Craon, naguère un des plus chauds partisans de la cause populaire, désertant ce même Conseil, pour se ranger sous la bannière monarchique.

Et le peuple trop ignorant pour remonter aux vraies causes de certaines défections, trop sincère pour deviner l'intérêt qui se cache sous de perfides accusations, le peuple se détourne peu à peu de ses vrais amis, les réformateurs, pour n'écouter que la voix de ses tyrans de la veille, refusant hypocritement son argent, et lui parlant de liberté.

Paris reste donc seul, presque seul en lutte, et le duc de Normandie croit pouvoir aller jusqu'à le défier. Il fait appeler les chefs de la bourgeoisie, et, quittant le masque, débute par des reproches et termine par des menaces. Ceux-ci comprennent qu'ils n'ont plus qu'à briser avec cette idole royale qu'ils n'ont que trop ménagée. Mais sont-ils prêts pour exécuter ce dessein suprême ? Ils n'entrevoient qu'un moyen d'arriver à leur but : exiger du dauphin la mise en liberté du roi de Navarre, et opposer ce prince populaire au représentant de la monarchie.

Le premier jour où s'ouvrit une nouvelle session des États, la délivrance de Charles le Mauvais fut donc demandée. A la surprise générale, le duc de Normandie l'accorda sans hésitation. Cette facile condescendance cachait un piége. Ordre, en effet, avait été expédié au gouverneur du château qui servait de prison au jeune roi, de ne point en ouvrir les portes. Mais Jean de Pec-

quigny déjoue cette trame. Il a été chargé de porter au
prisonnier sa grâce. Trompant le geôlier qui ne se défie
pas de l'envoyé du dauphin, il enlève Charles de Navarre, qui fait bientôt à Paris son entrée triomphante.
Deux cents notables étaient allés le chercher aux portes
de la ville, pour le conduire en pompe à sa demeure, et,
partout, sur son passage, ce ne fut qu'exclamations de
joie et cris d'enthousiasme.

Charles le Mauvais comprit vite que toute sa force lui
viendrait de cette vibrante population parisienne, qui
l'acclamait déjà comme chef de l'opposition. Il résolut
donc de s'associer à la cause populaire, non point,
comme Etienne Marcel, par générosité de nature et conviction profonde, mais parce qu'il vit, que se hisser,
sur les épaules des petits et des humbles, serait pour lui
le moyen le plus sûr d'atteindre le pouvoir.

Dès le lendemain de son arrivée, il entra en scène. A
son de trompes, il fit proclamer par la ville, qu'il parle-
rait au Pré-aux-Clercs. A cet appel répondirent plus de
dix-mille écoliers et bourgeois, désireux d'entendre l'o-
rateur, flattés d'être convoqués par le prince. N'était-ce
point la première fois qu'un personnage de sang royal,
communiquait directement avec le peuple ?

Lorsque le jeune roi parut à la tribune adossée aux
murs de l'abbaye de Saint-Germain, il fut accueilli par
des hourras ; lorsqu'il parla, éclatèrent des applaudisse-
ments frénétiques. Son discours, commencé à l'heure des
Vêpres, durait encore à l'heure du souper. Avec un habile
à-propos, il avait pris pour texte cette parole biblique :
« *Le Seigneur est juste et il aime la justice, il voit l'équité
devant sa face.* » Il attendrit sur ses souffrances ; il excita

Etienne Marcel et le dauphin

4*

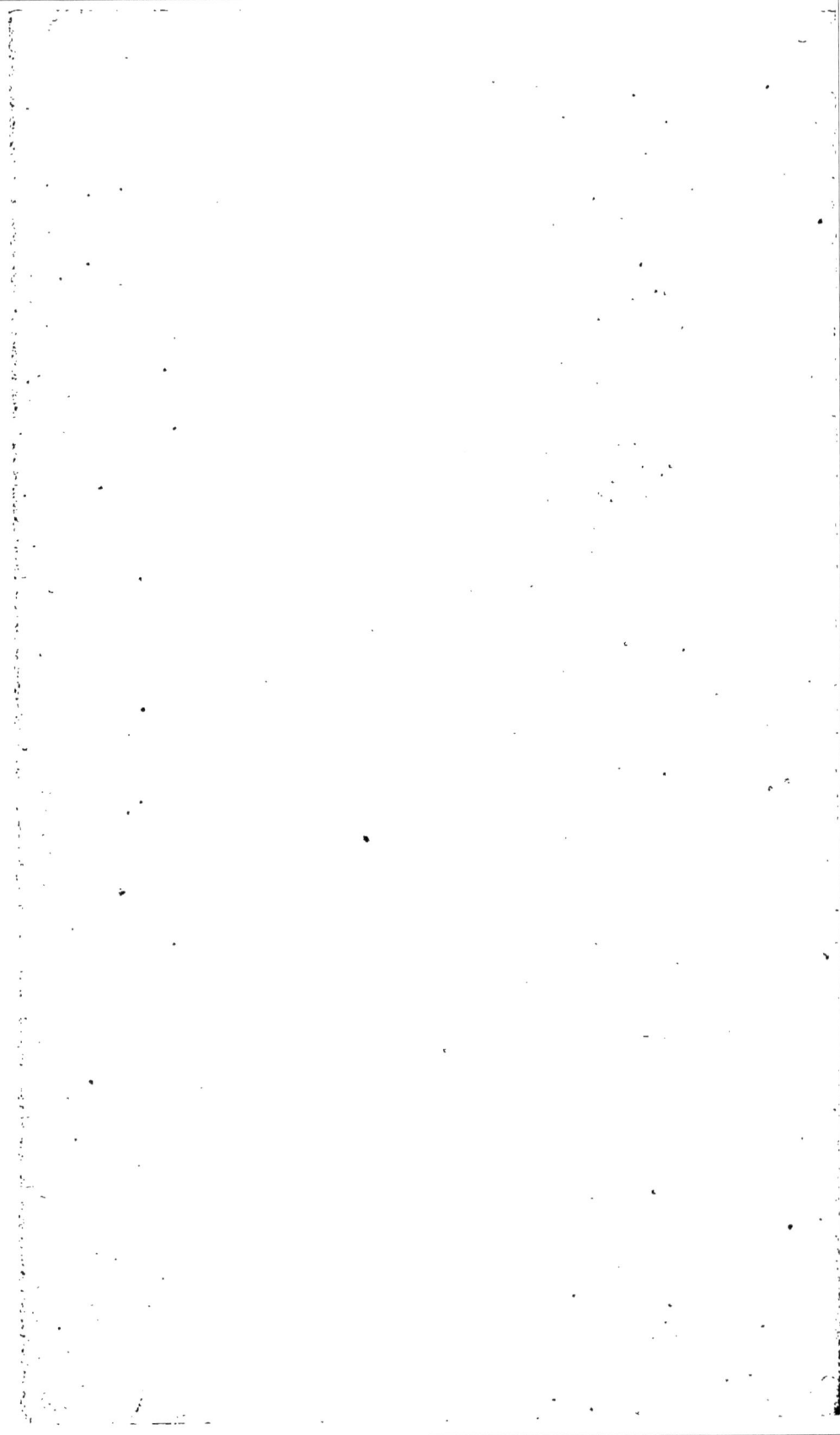

l'indignation contre ceux qui avaient fait de lui leur victime. En termes émus, il protesta de son dévoûment à
la France, et jura qu'il était prêt à tout oublier, pour
ne point troubler le royaume.

Cette parole éloquente, cette voix sonore et harmo-
nieuse, ces gestes, qui leur donnaient la vie, produisent
un effet prodigieux. Le duc de Normandie essaya de l'at-
ténuer en prodiguant à son rival les marques de la plus
sincère amitié. Mais, lorsqu'il s'agit de rendre au roi de
Navarre ses biens et sa fortune, on put voir ce que
valaient caresses de prince. Etienne Marcel fut obligé
d'intervenir dans le nouveau conflit soulevé entre les
deux beaux-frères.

C'est à cette occasion qu'il dit au dauphin : « Sire,
faites amiablement au roi de Navarre ce qu'il vous re-
quiert, car il convient qu'il en soit ainsi. » Phrase que
le rédacteur des *Grandes Chroniques* traduit par ces
mots : « Il en sera fait, veuillez ou non. » Et l'historien
qui a consacré à Etienne Marcel la monographie la
plus importante, celle qui a pris rang dans le grand ou-
vrage officiel, *Histoire générale de Paris*, publié sous les
auspices de l'édilité parisienne, M. Perrens, ajoute à son
tour : « Il semble que le prévôt des marchands ait jeté
par ces paroles l'épée du Gaulois dans la balance. »

Marcel sentait, en effet, qu'on était si peu à l'heure
de la réconciliation et de la paix, qu'il ne cessait de se
préparer à la lutte et à la guerre. Par ses soins, les travaux des fortifications avançaient avec rapidité, et les
Parisiens avaient ordre de barricader chaque soir les
rues, de veiller aux portes, et de ne laisser pénétrer
dans la ville, aucune personne inconnue.

Puis, voulant montrer à tous, sur quelles forces il s'appuierait au besoin, Etienne Marcel imagina de donner à ses partisans un signe auquel ils pourraient se reconnaître. A tout citoyen fut donc enjoint de porter un chaperon aux couleurs de Paris, mi-partie rouge, mi-partie bleu-foncé. Sur les agraffes plus ou moins précieuses qui ornaient cette coiffure, alors commune aux hommes et aux femmes, on devait lire ces mots : « En signe d'alliance de vivre et de morir avec le prévost contre toutes personnes. »

N'était-ce point dire hautement qu'Etienne Marcel posait la puissance civile, dont il était le représentant, en face de la puissance monarchique ?

Effrayé de tant de hardiesse, en même temps que de la popularité grandissante du roi de Navarre, le duc de Normandie voulut essayer, pour reconquérir son prestige, de se servir des mêmes armes que ses ennemis. Son cousin et beau-frère était descendu dans l'arène populaire, il y descendrait. Le prévôt des marchands le défiait, il le défierait à son tour. Et, un beau matin, Paris, en s'éveillant, apprit cette étonnante nouvelle, que l'héritier du trône allait se rendre aux Halles pour haranguer le peuple.

L'historien ne nous dit point si la multitude était nombreuse : tout le fait supposer. Cette majesté royale prenant la rue pour théâtre ; ce prince, naguère encore si arrogant avec les représentants de la bourgeoisie, venant chercher un appui auprès « des gens de métiers, de ceux du commun, » comme on disait alors, le spectacle était assez étrange, assez nouveau, pour exciter la curiosité.

Le dauphin n'était point éloquent, tant s'en faut. Mais il détenait l'autorité royale, et si aux yeux de l'individu éclairé la fonction grandit l'homme, que ne doit-il pas en être aux yeux des foules, faciles à se laisser charmer et éblouir par la sonorité du nom et l'éclat du titre ? Aussi Charles triompha-t-il aisément de son auditoire. Il parla de son amour pour ses sujets ; puis, jugeant le moment propice, il attaqua ouvertement Etienne Marcel. Qu'était devenu l'argent touché par le prévôt ? Pas un seul denier n'était venu à lui, le représentant du roi. Il n'eût certainement employé les subsides qu'à repousser les ennemis qui ravageaient la France, tandis qu'il ignorait ce qu'en avait fait ceux qui s'étaient rendus les maîtres du gouvernement.

On avait écouté, on avait applaudi cette perfide harangue, et le duc de Normandie put croire que son adversaire ne se relèverait pas du coup qu'il venait de lui porter. Mais Etienne Marcel n'était pas homme à se laisser abattre et à plier, surtout sous la calomnie. Immédiatement, il convoqua la population parisienne à une immense assemblée, qui serait tenue à Saint-Jacques de l'Hôpital.

A cette nouvelle, le dauphin n'hésite pas : il se rendra lui-même à la réunion, lui même répondra aux accusations dirigées contre sa personne. Les deux partis allaient donc se trouver en face l'un de l'autre : ici, la royauté défendant ses droits ; là, le corps municipal défendant les droits du peuple. Jamais foule plus compacte n'était venue à plus solennels débats.

Charles de Normandie demanda à s'expliquer le premier. Il fit redire par un de ses Conseillers à peu près le discours de la veille. Au moment où l'échevin, Charles Toussac, se levait pour répondre au nom du prévôt, soudain le dauphin disparut avec son escorte. Un murmure de désapprobation courut parmi les assistants. Quoi ! il accusait, et n'écoutait pas la justification ? On s'était attendu à un duel de paroles, et l'un des combattants fuyait le champ clos, après avoir frappé son adversaire ? Tant de maladresse ou de mauvaise foi devait aliéner contre le duc de Normandie les esprits les mieux disposés en sa faveur.

Aussi, l'éloquent échevin n'eut-il pas à se perdre en de long discours : dès les premiers mots, il avait gagné sa cause. Epargnant, par un reste de modération, la personne royale, il désigna au peuple ses plus grands ennemis, parmi ces Conseillers sans vergogne, ces jouisseurs sans frein qui entouraient le prince. Il parla avec douleur des officiers destitués par les Etats, et qu'aucun magistrat n'avait voulu juger, avouant ainsi que ceux à qui était échue la garde de la justice, étaient devenus les protecteurs de l'iniquité. Il montra ces grands coupables relevant tous insolemment la tête, et paralysant les efforts des hommes animés de l'amour du bien public. « Il y a tant de mauvaises herbes, dit-il, que les bonnes ne peuvent fructifier. »

Etienne Marcel parla à son tour. Il avait à se justifier, à justifier ses amis de l'emploi donné aux fonds qui avaient passé entre leurs mains : il le fit avec une noble simplicité ! Mais peut-être fût-il resté encore des doutes dans l'esprit du peuple, si l'avocat Jean de Saint-Claude, l'un des gouverneurs de l'aide instituée par les Etats, n'était venu donnner une éclatante confirmation aux paroles du prévôt. Hardiment, il rejeta dans le camp ennemi la pierre dont le dauphin avait voulu atteindre son rival. Sans crainte, il nomma des chevaliers qui avaient touché sur l'argent, donné pour défendre la France, jusqu'à cinquante mille moutons d'or.

Charles Toussac profita de l'indignation produite par la révélation de ces faits. Il promena son regard sur la foule déjà puissamment remuée, puis étendant la main vers Etienne Marcel :

« Vous le voyez, s'écria-t-il, votre prévôt est un honnête homme. Ses intentions sont droites et pures ; il ne fait rien qu'en vue de l'utilité commune. Si vous ne le soutenez cependant, il ne lui restera plus qu'à pourvoir à sa sûreté ! »

Un long frémissement parcourut les rangs pressés de la multitude. Tous se levèrent, et ce cri sortit de chaque poitrine, comme un serment : « Nous soutiendrons notre prévôt et le porterons contre tous ! »

« La victoire était complète, nous dit M. Perrens, mais elle eut presque les conséquences d'une défaite. Il n'y a pas, ajoute-t-il, de plus terrible coup pour un chef de parti que d'être réduit à la défense. Des calomnies qu'il réfute il reste toujours quelque chose, et la seule nécessité de se défendre, comme un vulgaire accusé, est une marque certaine du progrès de ses ennemis. Ce qu'il a perdu d'autorité, il ne peut, dès ce moment, le regagner que par la violence, terrain glissant où les plus fermes perdent pied. »

Oui, Etienne Marcel va être amené sur ce « terrain glissant. » Il n'a cessé et ne cessera de faire appel à l'autorité des Etats-Généraux, qui est l'autorité légitime de la nation : on lui a répondu et on ne cessera de lui répondre par le déni de toutes les lois, par le mépris de tous les serments. C'est alors que l'indignation lui monte au cerveau et le domine. « Il se laissa emporter, nous dit M. Henri Martin, par les mœurs violentes d'un temps où l'on ne connaissait pas le respect de la vie humaine. »

Hélas ! ce respect l'a-t-on mieux connu en des temps bien plus proches de nous, et que l'on vante comme bien plus civilisés ? Nos contemporains eux-mêmes en ont-ils bien fait preuve ? L'histoire des peuples n'est que le spectacle d'incessants holocaustes où coule le sang de nos semblables. Souvent même on a glorifié ceux qui l'ont répandu. Eh ! bien, nous arrivons à des jours où le respect de la vie humaine doit être sacré, absolu, et nous sentons le besoin de crier à quiconque arme sa main pour le meurtre, — que ce soit l'héroïque petite-nièce de Corneille, Charlotte Corday, ou le mons-tre Ravaillac, — nous sentons le besoin de leur crier : « Tu ne tueras point ! »

Cependant l'histoire, cette grande Justicière, ne sau-rait confondre le scélérat poussé au crime par son inté-rêt personnel et d'abjectes passions, avec le politique généreux qui a cru ne servir que l'intérêt général. D'au-tre part, si le sang va couler par l'ordre d'Etienne Mar-cel, qu'il retombe sur ces mangeurs de peuple, réduis-ant le grand citoyen à cette terrible nécessité d'exercer la justice en dehors du tribunal, et alors que les tribu-naux établis avaient refusé de juger les officiers que les Etats-Généraux avaient désignés comme coupables !

Nous ne saurions légitimer l'acte d'Etienne Marcel, mais nous dirons avec Henri Martin : « Nombre de per-

-sonnages célèbres qu'on honore dans l'histoire ont
eu sur les mains bien plus de sang que lui, et n'ont
pas eu des intentions si droites, ni de si grandes.
vues. »

VII

CONTINUATION DE LA LUTTE ENTRE LA BOURGEOISIE
PARISIENNE ET LA ROYAUTÉ. MEURTRE DES MARÉCHAUX

La lutte qui venait d'éclater au grand jour entre le
prévôt de Paris et le Dauphin, ne pouvait plus laisser
d'esprits indifférents. Il fallait prendre parti pour l'un
des deux pouvoirs qui se disputaient le gouvernement
du pays, et l'heure approchait où cette grande diver-
gence d'idées et d'opinions, allait se traduire en actes
d'hostilité.

Un fait, qui à toute autre époque fût passé inaperçu,
précipita les événements.

Deux chevaux avaient été vendus au duc de Normandie par un jeune clerc, Pierre Marc. Mais l'acheteur
royal n'avait point jugé à propos de s'acquitter, soit
par dédain de prince, à qui les dettes sont naturelles,
soit qu'il voulût prouver aux États, qu'il ne tenait pas
compte de l'interdiction du droit de prise. Quelles que
fussent ses intentions, c'était vainement que le vendeur
réclamait ce qui lui était dû au trésorier intime du

Dauphin, Jean Baillet. Plusieurs querelles s'ensuivirent entre les deux hommes. Un jour, en pleine rue, Jean Baillet déclara enfin catégoriquement à Pierre Marc, qu'il n'aurait jamais son argent. Celui-ci, exaspéré, se jeta sur le trésorier, et d'un coup de couteau l'étendit raide à ses pieds.

A cette nouvelle, la colère du duc de Normandie ne connut pas de borne. Le meurtrier s'était réfugié dans l'église Saint-Merri, qui jouissait du droit d'asile : il ordonna qu'il en fût arraché. Le clergé et le peuple essayèrent de s'opposer à cette profanation. Les hommes d'armes s'approchèrent, commandés par Robert de Clermont, maréchal de Normandie ; les portes sont enfoncées, Pierre Marc est enlevé du pied des autels et conduit au gibet.

Charles venait de violer une des plus anciennes prérogatives de l'Église, et, d'autre part, on allait disant, répétant partout, que Pierre Marc n'était point coupable ; qu'il n'avait fait qu'exécuter la loi, autorisant tout citoyen à défendre son bien, même contre les gens du roi.

Aussi le lendemain de son supplice put-on voir prêtres, bourgeois, gens de métiers, unis dans une même pensée de protestation, se rendre en pompe à Montfaucon, détacher de son poteau d'infâmie le corps du meurtrier, le ramener à Saint-Merri, et célébrer en son honneur de splendides funérailles.

De son côté, le dauphin faisait enterrer non moins splendidement le cadavre de Baillet.

Qu'on juge par de pareils faits de l'effervescence des esprits. C'est que tout prêtait à augmenter ce ferment révolutionnaire. La misère du pays était au comble, livré d'une part aux ravages des grandes Compagnies, attaqué de l'autre par les Anglais, qui s'avançaient de plus en plus vers Paris. Aussi, voyait-on, chaque jour, se réfugier dans la grande cité, les malheureux habitants des campagnes environnantes, et les religieux et religieuses dont on pillait les monastères. Cette accumulation de population affamait Paris, et celui à qui les États avaient procuré argent et hommes d'armes pour défendre la France et sa capitale, celui-là ne faisait rien. Retiré au fond de son palais, entouré de ses flatteurs, on eût dit que les maux qui s'aggravaient autour de lui ne le regardaient pas, et qu'il voulait faire peser sur d'autres têtes que la sienne, la responsabilité des malheurs de la patrie.

Étienne Marcel devina les intentions secrètes du dauphin. Son titre de lieutenant du roi forçait celui-ci à recourir aux ordres de son père, et combien de fois n'avait-il pas argüé de sa dépendance, pour se dispenser d'agir ! Eh ! bien, il allait être mis à l'œuvre. Son subterfuge serait déjoué, et la nation pourrait juger elle-même de ce qu'elle avait à attendre de son royal défenseur.

Les États du 11 février 1358, furent donc saisis, par le chef de la municipalité parisienne, de cette proposition qui pouvait, en apparence, sembler étrange venant de lui : donner au Lieutenant du roi le titre de régent. Les députés acceptèrent, et, le 14 mars, Charles fut proclamé, en fait, le nouveau souverain de la France.

Qu'allait-il faire? Allait-il au moins essayer de diriger une expédition contre ceux qui ravageaient impunément son royaume? Non! malgré les conseils qu'on lui adressa de toutes parts, il continua à se renfermer dans l'inaction la plus comptète, acceptant du pouvoir les privilèges, sans vouloir en remplir les obligations.

Ce fut alors que l'indignation arriva à son paroxysme. Mais, cette fois encore, le prince est moins accusé que son entourage, et, parmi les perfides conseillers qu'il écoute, le peuple se plaît à maudire particulièrement le maréchal de Champagne. et ce Clermont de Normandie, qui avait été, dans l'affaire Pierre Marc, l'exécuteur des hautes œuvres de son maître.

Et tous les regards se tournaient vers Étienne Marcel. Quoi! resterait-il impassible, et, assuré de l'appui, du dévoûment de ses concitoyens, ne saurait-il, sinon guérir le mal, venger du moins ceux qui souffrent? Il fallait agir; mais le prévôt ne veut pas agir seul. Convoquant à Saint Éloi, près du palais, les métiers en armes, c'est avec les chefs de groupe, c'est avec ses amis qu'il délibère, pour prendre une détermination suprême.

Quelle fut cette détermination? Rien n'a percé de la mystérieuse conférence. Seulement, le jeudi 22 mars, on entend s'ébranler soudain le bourdon Notre-Dame. Les travaux sont interrompus. Paris est debout, et l'on voit défiler à travers les rues trois mille artisans armés, conduits par le prévôt, et qui se dirigent vers l'hôtel du régent. Ils demandent à entrer: ils ont ce sentiment qu'ils sont le droit et la force. Les portes s'ouvrent, et les cours, les escaliers, les appartements royaux sont envahis par cette multitude frémissante.

Entouré de ses officiers, de ceux que les tribunaux ont refusé de juger, et de ceux que le peuple a déjà condamnés, Charles de Normandie, ignorant les colères populaires, ne quitte pas sa chambre, et oppose un front hautain à cet envahissement de son palais. Étienne Marcel arrive à lui. Il lui montre les brigands et l'étranger au cœur du pays, piétinant le sol, objet de terreur pour tous, et il supplie le prince de prendre de viriles résolutions.

Pour toute réponse, d'abord, celui-ci interrogea du regard les deux maréchaux debout à ses côtés. Puis, dédaigneusement : « Que ceux, dit-il, qui en reçoivent les profits, pourvoient à la défense du royaume. »

Étienne Marcel ne se contint plus. Le peuple l'a chargé de sa vengeance, et il a devant les yeux, s'étalant dans le luxe, dans l'impunité, ces courtisans, ces favoris, ces conseillers iniques qui se rient de la misère des masses et du salut de la nation. Une sauvage énergie anime tous ses traits. « Sire, dit-il, ne vous étonnez, car il convient et il est ordonné qu'il soit fait ! » Et, indiquant du geste les deux Maréchaux à ceux qui l'accompagnent : « Faites-en bref, ajoute-t-il, ce pourquoi vous êtes venus ici. »

Il se passa alors une de ces scènes terribles, devant lesquelles l'histoire voudrait pouvoir fermer les yeux. Les conjurés se jettent sur les deux Conseillers destinés à la mort. L'un tombe percé de coups, et son sang vient rejaillir en éclaboussures sur la robe du régent. L'autre fuit, se cache dans un cabinet. On l'y découvre ; il meurt, sans pouvoir opposer de résistance. Un Avocat Général, Régnard d'Acy, croit qu'on en veut à

ses jours. Il s'échappe du palais. Son affolement le
désigne à la foule comme un coupable : On le poursuit,
on le tue. Ce fut tout, mais ce fut assez, et ce fut trop.
On épargna, par dédain ou humanité, les officiers
royaux qui, abandonnant leur prince, s'étaient réfugiés
dans les combles et les souterrains.

Laissé seul avec Etienne Marcel, le régent, lui aussi,
se crut perdu. Quittant son arrogance de tout à l'heure,
il s'humilie platement devant le prévôt. Celui-ci le
rassure, et on put voir alors cette scène, qui devait se
renouveler le 20 juin 1792 : un chef populaire protégeant
un monarque, — celui qui devait être Charles V, —
en le coiffant de son chaperon, comme, plus tard, un
patriote devait protéger Louis XVI, en le coiffant de
ce même chaperon, devenu alors le bonnet phrygien.

De l'hôtel Saint-Pol, Étienne Marcel se rendit à la
Maison-aux-Piliers, autour de laquelle les Parisiens se
pressaient tumultueux, comme autour de leur forteresse. Quand le tribun apparut à une fenêtre, le silence
se fit : « Ce que j'ai accompli, dit-il d'une voix grave, je
l'ai accompli pour le bien commun. Ceux qui sont
morts n'étaient que faux et traîtres ; voulez-vous me
soutenir ? »

A cet appel, un cri unique répondit :

« Nous avouons le fait et nous le soutiendrons. »

Sûr du peuple, il fallait obliger le régent à donner
son approbation à ce qui venait de se passer. Toute
âme fière eût refusé de se plier à une pareille exi-
gence. Charles n'hésita pas à l'accepter. A son tour, il

vint en présence de la foule, et déclara *sur l'honneur*
« que les deux maréchaux estoient de mauvais trais-
tres, » et que le prévôt avait bien fait de les tuer. Et,
comme pour mieux affirmer son désir de marcher
d'accord avec les Parisiens, il fit prendre à toute sa
maison et garda lui-même les couleurs mi-partie rouge,
mi-partie bleue.

Les masses crurent à une réconciliation entre les
deux pouvoirs. Vaines apparences! On ne réconcilie
pas ce qui est irréconciliable : l'esprit despotique avec
l'esprit de liberté, l'égoïsme qui s'attache à son bien
personnel, avec le dévoûment qui veut servir la cause
de tous.

Le régent prouva le premier qu'il n'avait cédé qu'à la
peur. Fuir Paris, qui représentait la révolution triomphante, devint son unique préoccupation. On se douta
de ses intentions : il fut surveillé, et plus strictement
que jamais, on garda les portes. Il ne lui restait plus
qu'un moyen de s'échapper : c'était de se confier à la
Seine. Il fit gagner le maître de l'arche du Grand-Pont,
Jean Perret, et celui qui avait juré de faire cause commune avec la bourgeoisie, se réfugia à Meaux, pour
mieux la trahir.

Étienne Marcel, en apprenant cette fuite, ne témoi-
gna ni indignation, ni colère. Le régent, qu'il avait
trop ménagé, se retirant de lui-même, n'était-ce pas
un embarras de moins? D'autre part, les députés réunis
à Paris avaient aprouvé la journée du 22 mars ; en
province, des villes comme Amiens, Rouen, Beauvais,
Laon, Senlis avaient applaudi à la justice populaire ;
le Conseil des trente-six réformateurs, formé par les

États, avait été rétabli ; le moment n'était-il pas propice pour fonder enfin un de ces gouvernements libres qui, selon l'expression de M. Perrens, « dispensent d'attendre du ciel ces hommes extraordinaires, qui ne sont, le plus souvent, que les fléaux de Dieu ? »

Tel était le dessein d'Étienne Marcel. Ce dessein fut traversé par ses adversaires, qui, n'ayant trouvé ni argent, ni armée, ni courage pour faire la guerre aux Grandes Compagnies et aux Anglais, allaient en avoir suffisamment pour dresser leurs batteries contre la grande cité parisienne.

VIII

GUERRE DÉCLARÉE ENTRE LA ROYAUTÉ ET LA BOURGEOISIE PARISIENNE

Le premier acte d'hostilité du régent, conseillé par sa noblesse, fut de s'emparer par surprise de la forteresse ou, comme on disait alors, du *Marché* de Meaux, qui, situé dans une île de la Marne, commandait le cours de la Seine. De là, rien de plus facile que d'affamer les Parisiens.

Marcel se hâta de se mettre sur la défensive. Il compléta l'armement des citoyens, acheva les fortifications, fit barrer la Seine, transforma en fossés les chemins de ronde, et ordonna que seraient rasées les habitations et dépendances qui, comme celles des Jacobins de la rue des Grès ; celles des Cordeliers (situées sur la place actuelle de l'École de Médecine) ; des Chartreux, (placées où l'on voit aujourd'hui l'allée de l'Observatoire), touchaient aux remparts et gênaient la défense.

Les moines d'alors se souvinrent, dans cette occasion encore, qu'ils se devaient aux humbles et aux petits. On

les vit, se mêlant aux ouvriers, mettre de leurs propres
mains la sape et la pioche aux murs de leurs couvents,
et, quand le prévôt, à court d'argent, fit un appel, ce
fut le prieur de Saint-Jean de Jérusalem, qui lui
avança mille moutons d'or.

Pendant ce temps, le régent frappait vainement à
toutes les bourses.

Il n'en préparait pas moins la guerre. Manquant d'armes, il essaya par l'entremise d'un sergent d'armes,
nommé Jean de Lyon, d'enlever subtilement l'artillerie
du Louvre, pour la conduire à Meaux. Mais le prévôt
déjoua son projet, et ordre fût donné de conduire sous
bonne escorte cette artillerie à la Maison-aux-Piliers.

Quoique tout parût réussir au gré des désirs de Marcel, celui-ci essaya d'une dernière tentative de réconciliation avec Charles. Reculait-il devant le sang qui allait
couler dans la lutte déjà commencée? Craignait-il que
Paris seul le suivît? Voulait-il, une fois de plus, prouver
à la nation la culpabilité de ce souverain, qui, au lieu
de défendre la France, attaquait sa capitale? Quoi qu'il
en soit, il lui écrivit la lettre suivante, qui fut communi-
quée à toutes les Villes, et qui, dans sa forme contenue,
n'est qu'un véritable acte d'accusation. Nous nous bor-
nons à la mettre en français de nos jours, sans rien
modifier aux tournures de phrases du xive siècle.

« Très-redouté Seigneur, plaise vous souvenir comment nous étions convenus que, si quelque chose de
mauvais vous était rapporté de nous, vous n'en croiriez
rien, mais nous le feriez savoir; et aussi, si quelque
chose nous était rapporté de vous, nous vous le ferions

savoir : et pour cela, très-redouté Seigneur, nous vous certifions en vérité que notre peuple de Paris murmure très-grandement de vous et de votre gouvernement, pour trois causes.

« En premier, que les ennemis de vous, de nous et du royaume nous rognent et nous pillent de tous côtés : du côté devers Chartres, et nul remède n'y est mis par vous, qui en devriez mettre.

« Et aussi que tous les soudoyers qui étaient en arrière, sont venus à votre mandement du Dauphiné, de Bourgogne et d'ailleurs, pour la défense du royaume, et n'ont fait honneur ni profit à vous ni à votre peuple, mais ont tout le pays mangé et le peuple pillé et volé, nonobstant qu'ils aient été bien payés. Et cela savez vous bien, car plusieurs plaintes vous ont été faites, tant par moi comme par d'autres, pour lesquelles vous leur dûtes mander qu'ils s'en allassent en leur pays; et néanmoins votre peuple sait que vous les tenez autour de vous, et qu'à plusieurs d'entre eux vous avez baillé à garder les forteresses de Meaux et de Montereau, qui tiennent les rivières de Saine, (Seine), de Marne et d'Yonne, par lesquelles votre bonne ville de Paris, que aimez, comme toujours avez dit, doit être nourrie et soutenue.

« La tierce cause du murmure du peuple est que vous ne prenez aucune peine à garnir les forteresses qui sont du côté de vos ennemis, mais trop bien avez saisi celles d'où les vivres nous peuvent venir ; et, qui pis est, les avez garnies de gens qui nul bien ne nous veulent, ainsi qu'il appert à vous et à nous par lettres qui furent trouvées aux portes de Paris, lesquelles vous furent montrées en votre grand Conseil.

« Et encore vous dégarnissiez votre ville de Paris d'artillerie, pour garnir les forteresses de Méaux et de Montereau, garnies de gens qui nul bien ne nous veulent,
comme il est dit, et bien est prouvé par les paroles qui
vous ont été adressées et que bien savons être telles : —
« Sire, quelque personne qui soit sire(maîtresse) de ce
» château, elle se peut vanter que ces vilains de Paris
» sont à sa merci, et qu'elle peut bien près leur rogner
» les ongles. »

« Si vous plaise savoir, très-redouté Seigneur, que les
bonnes gens de Paris ne se tiennent pas pour vilains,
sont prudes hommes(hommes probes, et sages) et loyaux,
et tels les avez trouvés et les trouverez, et disent en outre
que tous ceux-là sont vilains qui font les vilenies.

« Toutes ces choses sont au très-grand déplaisir de votre peuple, et non sans cause ; car, le premier, vous leur
devez protection et défense, eux vous doivent porter
honneur et obéissance, et, si leur fait défaut votre appui,
ne sont tenus à rien envers vous.

« Et il semble à votre dit peuple, selon raison et vérité, que mieux seraient employés les gages à gens qui
combattent les ennemis du royaume, qu'à ceux qui
prennent les deniers d'icelui, volent et pillent le peuple
d'icelui. Et aussi leur semble que, vous et les gens d'armes qui sont en votre compagnie, seriez mieux à votre
honneur entre Paris et Chartres, là où sont les ennemis, que là où vous êtes, qui est pays de paix et
sans guerre.

« Et aussi, en vérité, que lesdites forteresses par vous
saisies nouvellement étaient au pouvoir de très-bonnes
gens, sans aucune mauvaise intention, et n'étaient point
en frontière ni ne vous coûtaient rien à garder ; et c'est

aussi vérité que quiconque a deux choses à garder et garnir, il doit plutôt garder et garnir la meilleure, la plus honorable et profitable, quand elle est plus sujet d'ennui et plus douteuse ; et vous, en votre nouveau Conseil, vouliez dégarnir Paris d'artillerie, pour garnir les forteresses dont vient d'être parlé, chose que votre dit peuple n'a voulu souffrir ; car il voit en cela la destruction et perdition du royaume, de vous et de tout le peuple.

« Ainsi, nous vous supplions très-humblement, très-redouté Seigneur, qu'il vous plaise de venir en votre bonne ville de Paris et lui donner protection et défense, comme faire le devez ; et aussi veuilliez écarter de votre entourage toutes gens qui n'ont pour votre dit peuple aucun bon vouloir, et ceux-là vous pouvez bien les connaître par les conseils qu'ils vous donnent. Et en même temps veuillez remettre lesdites forteresses de Meaux et de Montereau aux mains de vos fidèles et loyaux sujets, qui les tenaient auparavant, afin que votre peuple de Paris n'ait aucune commotion pour faute de vivres, et qu'il cesse de murmurer.

« Et aussi nous vous supplions qu'il ne vous veuille déplaire, si nous avons retenu l'artillerie qui avait déjà été emmenée par Jehan de Lyon ; car, en vérité, nous l'avons fait en bonne intention et pour plus grands maux et périls éviter, car le peuple était si ému de cela, que de grands maux en fussent advenus, si nous n'eussions promis de la retenir.

« Très-redouté Seigneur, sachez que le peuple de Paris se souvient de beaucoup de promesses que vous leur fîtes de votre bouche, à Saint-Jacques de l'Hôpital, aux Halles et dans votre chambre, outre lesquelles vous leur promettiez que vous ne sortiriez de la ville, vous, et trente ou quarante avec vous, que si vous ne pouviez plus supporter les choses dans l'état où elles étaient ; et, Dieu merci, les choses ont depuis pris un amendement notable.

« Très-redouté Seigneur, sur toutes choses et chacune de celles éclaircies ci-dessus, vous plaise d'ordonner par telle manière que ce soit à la louange de Dieu, à l'honneur du roy notre sire, à votre honneur et au profit du peuple, et qu'on puisse brièvement s'apercevoir qu'il en est ainsi, et veuillez nous avoir pour recommandés.

« Le Saint-Esprit vous ait en sa sainte garde et vous donne bonne et longue vie.

« Ecrit à Paris, le 18 Avril 1358.

ETIENNE MARCEL.

Les chroniqueurs contemporains estiment que cet ultimatum était de « paroles laïdes, rudes et malgracieuses; » nous le jugeons aujourd'hui, comme l'expression indignée d'une âme de patriote qui, de même que ses ancêtres les Gaulois, mettait la nation au-dessus de son chef.

Cette fière attitude ne fit qu'aviver la haine du régent contre celui qui, au défi insolent de « rogner les ongles aux vilains de Paris, » répondait que ces vilains ne lui devaient obéissance, que s'il leur accordait protection. Avait-on jamais osé proclamer ainsi, à la face d'un souverain, la réciprocité des devoirs de gouvernants à gouvernés ?

Placé entre son cousin de Navarre, ce caractère aussi insinuant que perfide, avec lequel il avait fait l'accord,

ce cousin et beau-frère, qui le priait de se réconcilier
avec Paris, et ses nobles, qui lui faisaient promettre de
venger le meurtre des Maréchaux, Charles céda à ceux
qui donnaient raison à sa colère.

De cette colère, Robert Lecoq fut la première victime.
Jusqu'alors, tout en étant l'ami du prévôt, il s'était
maintenu dans le Conseil du roi : il en fut chassé.

Cet intermédiaire entre Etienne Marcel et le régent
supprimé, il ne restait plus aux deux partis qu'à combattre. Mais de quelles armes allait-on se servir ? Aux
États de Compiègne, où la noblesse seule avait répondu
à l'appel du régent, on décida d'assiéger, d'affamer
Paris, jusqu'à ce que les habitants consentissent à envoyer leurs chefs au supplice. Ce fut à cette même condition que Charles offrit de rentrer dans sa capitale, lorsque les délégués de l'Université vinrent, en corps, faire
auprès de lui une dernière démarche conciliante.

Après cette démarche, qui ne laissait plus aucun espoir d'entente, Marcel s'empara du Louvre, placé en dehors des fortifications ; s'enferma dans la cité ; ferma les
portes qui conduisaient à la Seine ; garnit les murs de
balistes et de parapets ; y fixa, avec des crampons en
fer, sept cent cinquante guérites ; détruisit le faubourg
Saint-Victor, qui pouvait nuire à la défense ; et tous les
personnages considérables de dehors, qui sympathisaient
avec la cause populaire, reçurent ordre de mettre eux-
mêmes leurs châteaux et domaines en état de se défendre. Puis, des émissaires parcoururent la France pour
enrôler des hommes.

On allait voir enfin, jouant leur partie suprême,
d'un côté le monde féodal, de l'autre le monde de la li-

Le dauphin arrête les arrivages

berté et du travail, quand soudain un long cri de douleur et de rage domina les bruits de guerre. C'était le
paysan qui se levait et venait de dire aux nobles qui
l'écrasaient, aux bourgeois qui l'oubliaient : « Moi aussi
je suis homme,et,dans ma nuit et mon enfer, je cherche
ma part de lumière, et ma part de Justice. »

De quel poids la révolte de Jacques Bonhomme, allait-
elle peser dans la lutte prête à s'engager ?

IX

LE SORT DU PAYSAN AVANT, ET PENDANT LE XIVe SIÈCLE

Au moment de pénétrer dans les détails de cette explosion terrible qui s'appelle la *Jacquerie*, demandons-nous quelles en furent les causes. Les chroniqueurs contemporains, et entre tous le plus brillant, celui qui donne à la peinture de son époque la couleur et la vie, Froissard, n'a su nous décrire que les actes de vengeance, la férocité de ces Jacques qui, comme autrefois Attila, le fléau de Dieu, jetèrent la terreur partout où ils passèrent. N'imitons pas ces historiens à courte vue, qui constatent les faits sans en sonder l'origine, et qui, par cela même, sont implacables pour les révoltés, essayant de venger leurs souffrances séculaires.

La Jacquerie se rattache intimement au mouvement communal. Seulement, si, depuis trois siècles et demi, les habitants des villes étaient parvenus, grâce à une lutte opiniâtre, à secouer les chaînes que les seigneurs avaient étendues jusque sur eux, il n'en avait pas été de même pour le paysan.

Les gens de métiers, les gens de commerce avaient pu s'entendre, se concerter, s'unir dans une action commune ; lui, le pauvre serf, isolé de ses pareils, sans cesse et toujours attaché à la glèbe, avait bien parfois été pris de quelque velléité de révolte, mais, aussitôt vaincu, écrasé, il avait repris sa pioche et le soc de la charrue, remuant la terre, creusant le sillon, continuant à faire vivre son seigneur et maître de ses sueurs, de ses larmes, de son sang. Aussi, ce dernier disait-il : « Jacques Bonhomme a bon dos, il souffre tout. » Et, comme il souffrait tout, le pauvre ! on le traitait pire que bête de somme. La bête de somme succombant sous le faix, il fallait en racheter une ; pour remplacer le serf mourant à la peine, cela ne coûtait rien.

Aussi, voyez-le : Jeune et restant chétif, vieux et les cheveux blancs, le dos voûté, les jambes tremblantes, il n'en est pas moins soumis toujours au même sort.

La neige tombe, la terre est durcie, les chemins sont effondrés, la colline est rude à gravir ; une voix lui crie : « Va, serf, va couper le bois de la forêt, pour que ton seigneur se chauffe grandement ! » Le soleil brûle la terre, calcine les plantes ; les animaux même se réfugient et se couchent à l'ombre ; la même voix lui commande : « Allons, serf, point de répit ; c'est l'heure des moissons. Au travail, sous le soleil et sa pluie de feu ! » Il tombe épuisé ; mais la voix implacable lui répète : « Debout ! Travaille encore, travaille toujours ! »

Aura-t-il du moins, pauvre être, le repos de la nuit ? Les troupeaux ont gagné leurs étables ; les bêtes fauves

dorment dans leurs tanières ; lui, il veille. Nu jusqu'à
la ceinture, il bat l'étang, et fait taire les grenouilles
qui empêchent la châtelaine de dormir.

Est-ce assez ? Non ! les corvées l'atteignent, la dîme,
la taille et la gabelle viennent le ruiner. Il a aujourd'hui
ensemencé son coin de terre, et demain les longues che-
vauchées, la meute seigneuriale viennent le piétiner, le
ravager. Il a, à force de labeur et de privations, réussi à
faire quelque épargne : Voilà que les Maltotiers arrivent
et lui enlèvent jusqu'à son dernier liard.

Dans sa misérable cabane trouve-t-il toujours un
abri sûr, et ce grabas, sur lequel sa femme a donné le
jour à ses enfants, est-il bien à lui ? Entendez Messieurs
les soldats du roy qui passent. Ils s'arrêtent, ils entrent.
— Va-t-en, serf ! Nous sommes chez nous.
Cela s'appelait *droit de gîte.*

Une autre fois, c'est Monseigneur qui a besoin d'argent,
ou encore Sire le Roy qui en manque.
— Où est ton argent, bonhomme ?
— Hélas ! pauvres serfs que nous sommes, en possé-
dons-nous ?
— Tu ne nieras pas du moins que tu as un bahut pour
mettre ton pain, un lit pour te coucher, un escabeau
pour t'asseoir ? Allons, gendarmes, prenez, car c'est à
nous tout ce qui appartient au vilain !
Les Maltoliers dérobant l'argent, cela était illégitime,
c'était un vol ; mais, grands seigneurs ou gens du roi,
faisant main basse jusque sur le grabat du pauvre, cela
était légal, car cela s'appelait le *droit de prise.*

Est-ce tout ? Ceux à qui l'on a ravi tous les droits, ne gardent-ils pas du moins le droit d'aimer, le droit suprême d'être époux, d'être père ? Écoutez :

Dans ces pauvres cœurs d'esclaves, un beau jour l'amour a pénétré, rayon de soleil dans leurs ténèbres, sourire de joie à travers leur douleurs. O malheureux et malheureuse qu'avez-vous fait ? Votre amour a franchi les limites de cette parcelle de glèbe où chacun de vous, séparément, êtes attaché corps et âme. Vous ne pouvez vous marier sans le consentement de vos deux maîtres ; et, pour l'obtenir, que d'obstacles ! Si pourtant vous les aplanissez, si enfin vous pouvez être l'un à l'autre, quel effroi soudain de l'avenir ! Demain, ceux qui ont permis votre union ont le droit de vous séparer, et les enfants nés de vous appartiendront, les fils au seigneur du père, les filles au seigneur de la mère.

Ainsi : « hommes, femmes, enfants, tout ce troupeau humain se partageait, se divisait, se fractionnait entre les seigneurs et les co-seigneurs.... On se disputait la moitié d'une femme, le tiers ou le quart d'un enfant, et l'on dut souvent, pour couper court à toute contestation, pousser jusqu'au bout le jugement de Salomon. »

Effroyable peinture que l'auteur de *l'Histoire des Paysans*, Eugène Bonnemère, n'a retracée que d'après des documents authentiques.

Il existait enfin d'autres *Droits du seigneur*, droits que l'antiquité païenne elle-même n'eût point soupçonnés, et qu'on vit en usage dans un monde se disant chrétien. Mais de ces droits infâmes ne parlons pas ; car ils font rougir l'humanité.

Et, comme si au xive siècle la nature eût voulu apporter son contingent de douleurs aux maux qu'endurait le paysan, on avaît vu la terre improductive, des famines s'ajouter aux famines, et enfanter cette terrible peste de 1348, la *Grand'mort*, la *Peste noire*, que Boccace a immortalisée.

« La tierce partie du monde mourut» dit la chronique. Paris perdit, à lui tout seul, 80,000 habitants. Que devait-il en être dans les campagnes ? La faux de la Mort s'y promena comme en un champ de blé. Des villages entiers se dépeuplèrent, et, quand le fléau s'arrêta, faute de victimes, les bras manquèrent à l'agriculture. La famine recommença : *en quarante-sept ans*, elle reparut *vingt-fois*. Le paysan fut réduit à manger de l'herbe, pis encore, à dépecer les corps morts, à disputer aux corbeaux le cadavre des suppliciés.

Puis, après la famine, ce fut la guerre : les Anglais ravageant d'un côté, les seigneurs pressurant de l'autre, Les soldats, les mercenaires, des nobles même se firent *Brigands* sous le nom de Grandes Compagnies. Pour ces Brigands, Froissard éprouve une sympathie toute particulière : « Et toujours gagnaient, povres brigands, à piller vivres et châteaux [1]. »

Mais la plupart du temps ils s'attaquaient aux petits. Ils possédaient mille moyens ingénieux de réduire Jacques Bonhomme aux dernières extrémités. « A Beauvoir, en Bourbonnais, raconte un chroniqueur, les brigands avaient creusé une énorme fosse nommée *l'Enfer*, parce

---

[1] Voir ce que nous avons écrit sur les Brigands, dans notre histoire de *Jacques Cœur*, chapitre IV. pages 43 et suiv.

qu'un grand feu y brûlait sans cesse. Quand un de leurs prisonniers ne se voulait ou pouvait racheter de leurs mains en payant rançon, ils donnaient l'ordre de le jeter tout vivant dans cette fosse, en disant : *Menez-le en enfer*. La crainte d'un si épouvantable supplice saisissait tellement ceux qui en étaient menacés, que tous, pour y échapper, consentaient volontiers à faire aux brigands l'abandon de la totalité de leurs biens. »

Aussi quelle terreur parmi les pauvres victimes ! Pour sauver les quelques misérables fruits de leur travail, pour mettre à l'abri du danger leurs femmes, leurs enfants et eux-mêmes, on les vit se creuser des souterrains, longues allées voûtées, bordées de chambres, où un puits donnait à la fois l'eau et l'air. Autour du puits, de grands espaces pour les bestiaux. On retrouvait encore ces cavernes au siècle dernier, le long de la Somme, « et c'est là, nous dit Michelet, qu'on pouvait avoir l'impression de l'horreur de ces temps. Les familles s'y entassaient à l'approche de l'ennemi. Les femmes et les enfants y pourrissaient des semaines, des mois, pendant que les hommes allaient timidement au clocher voir si les gens de guerre s'éloignaient de la campagne. »

Faut-il s'étonner de l'effroyable soulèvement qui approche ? Non ! Ce qui étonne, c'est la longue patience de ces souffrants c'est la, résignation de cet opprimé qui représentait le nombre, et dont le seigneur disait : « Cet homme est à moi, j'ai le droit de le bouillir et de le rôtir. »

Que voulez-vous ? pauvres moutons, ils avaient cru à la nécessité des vautours, et pour ces vautours habitant

6

les hauteurs, dans leur fier castel dressé sur un roc, comme le nid de l'oiseau de proie, ils avaient éprouvé non seulement un sentiment de crainte, mais un sentiment de respect. C'est que, s'ils étaient les forts, ces nobles, ils avaient été aussi les braves. Si l'ennemi du dehors approchait, ils partaient, lance au poing, fièrement campés sur leur beau cheval de bataille. Sans sourciller, ils avaient dit adieu à leur châtelaine, à leurs enfants. Ils ne se retournaient point, afin de ne pas sentir mollir leur courage, car ils s'agissait de la France. Et on les avait vus revenir presque toujours vainqueurs : vainqueurs à Bouvine, vainqueurs à Taillebourg, vainqueurs à Mons-en-Puelle.

Mais, à présent, quels piètres sires !

Déjà, à Courtrai, courageux durant la lutte, ils avaient fui devant la mort. Si Cassel avait lavé cette défaite, la victoire était due aux gens des bonnes villes, aux arbalétriers, qui n'étaient que des bourgeois, des artisans. Puis, Poitiers était venu, Poitiers, la honte des hontes. Alors s'était éteint, dans l'esprit de Jacques Bonhomme, le prestige dont autrefois il entourait la noblesse. Il en était arrivé, chose inouïe ! à se comparer à ses maîtres. Pourquoi, était-il, lui, l'éternel opprimé, eux, les éternels oppresseurs ?

A quelque temps de là, les révolutionnaires anglais ne sachant d'autre histoire que celle de la Bible, devaient poser cette question naïve et menaçante : « Quand Adam béchait et quand Ève filait, où donc étaient les gentilshommes ? » Avec un sentiment plus profond et plus large, les serfs de France, se comparant aux nobles, allaient répétant déjà cette stance plaintive et courroucée, que nous trouvons dans le *Roman de Rou* :

Nous sommes hommes comme ils sont.
Tous membres avons comme ils ont,
Et tout aussi grand cœur avons,
Et tout autant souffrir pouvons...

Après cette fière et humaine revendication à l'égalité, on les entendait redire, en parlant de ces hobereaux qui ne savaient même plus tenir l'épée : « Les voilà ; ces beaux fils qui mieux aiment porter perles et pierreries sur leurs chaperons, riches orfévreries à leurs ceintures, plumes d'autruche au chapeau que glaives et lances au poing. Ils ont bien su dépenser en telles vanités notre argent sous couleur de guerre ; mais pour férir sur les Anglais, ils ne le savent mie. »

Non ! ce n'était plus contre les Anglais, contre les ennemis du dehors, que les nobles tournaient leurs coups ; ils les faisaient retomber lourdement, cruellement sur leurs propres compatriotes, sur tous ceux qu'ils désignaient avec mépris par les noms de serfs et de vilains. Nous avons dit la misère de Jacques Bonhomme, à quel *enfer* il était soumis. Ses souffrances avaient dépassé la mesure. Il ne lui fallait donc plus qu'une occasion pour se soulever. Michelet l'a dit avec autant de pittoresque que d'éloquence: « Tous avaient frappé dessus, comme sur une bête tombée sous la charge : la bête se releva enragée, et elle mordit. »

X

SOULÈVEMENT DES JACQUES. ALLIANCE DE LA BOURGEOISIE PARISIENNE AVEC LE PAYSAN. ECRASEMENT DE LA JACQUERIE

« La révolte, dit un contemporain, le continuateur de Nangis, seul sympathique à la cause populaire, la révolte commença par un sentiment de justice. »

Comme pour répondre à l'injonction de Marcel de se mettre sur la défensive, le régent avait donné l'ordre d'armer les châteaux. Alors, les nobles, privés de ressources personnelles, ne trouvèrent rien de mieux que de charger leurs taillables à merci d'exécuter, à leurs frais, la prescription royale. Jacques Bonhomme avait pu subir ses oppresseurs ; mais les aider à dresser leurs batteries contre lui, c'était trop !

Telle fut l'étincelle qui amena l'explosion.

Ils se levèrent cent mille, disent les uns ; six mille

seulement, disent les autres ; mais quel qu'en soit le
nombre pas un qui n'eût fait à l'avance le sacrifice de
sa vie ; pas un qui ne fût résolu à être sans pitié ! C'est
le 21 mai 1358, qu'on entendit, dans les environs de
Beauvais et de Clermont-sur-Oise, s'élever les premières
clameurs. On les vit sortir de leurs huttes et de
leurs tanières, les misérables, maigres, noirs, demi-nus,
épuisés par la faim, mais enfiévrés par la haine.

De quelles armes allaient-ils se servir ? D'aucune et
de toutes. Bâtons noueux, cognées, socs de charrue, tous
ces instruments de travail, qui n'étaient pour eux
qu'instruments de servitude, devaient se transformer
dans leurs mains en instruments de vengeance. Ah ! depuis des siècles pleuvaient sur eux, de l'insolent château seigneurial, menaces et tortures ! Eh bien ! le
château croulerait, et, si les pierres trop dures résis-
taient à leurs pioches et à leur pics, elle ne résis-
teraient pas à leurs torches. Et, d'un bond, ils atteigni-
rent la haute colline ou le roc anguleux, jetant bas ou
calcinant les formidables murailles, toutes faites de leurs
sueurs et de leurs larmes, toutes retentissantes des cris
de douleur des malheureux, que les oubliettes avaient
ensevelis vivants.

Alors, exalté par ces lugubres souvenirs, le Jacques
enveloppait dans la même malédiction, tous ceux qui
tenaient par des liens à son maître, et bien des fois la
châtelaine et ses enfants payèrent de leur vie, le seul
crime de porter un nom abhorré. Puis, couvert de pous-
sière, de boue et de sang, il s'asseyait sur les ruines fu-
mantes qu'il venait de faire, sur les cadavres mêmes de
ses ennemis, et il se repaissait de ce spectacle de dévas-

6*

tation et de sang dont il était l'auteur, après y avoir joué si souvent le rôle de victime.

Et l'immense soulèvement gagnait, de proche en proche, tout le Beauvoisis, l'Amiénois, le Vermandois, le Laonnais, la Brie, le Gâtinais, le Hure poix et l'Ile-de-France. Partout les mêmes scènes se reproduisirent ; partout les mêmes chants sinistres à travers les chemins ; partout les forteresses qui croulent, soixante ici, cent ailleurs ; partout des corps morts qui couvrent le sol ; partout l'exaspération et l'égarement promenant le fer et le feu.

Cependant, chose étrange ! ces bandes désordonnées en apparence voulurent avoir des chefs, et ces chefs ne furent pas choisis au hasard. On ne s'adressa point aux forcenés : tout au contraire. Dans le Valois, c'est Denisot Robour, capitaine ; c'est Lambert de Hautefontaine, frère d'un président au Parlement ; c'est Jean Hullot d'Estaneguy, « homme de bonne renommée ; » c'est Jean Nosenget, curé de Gélicourt ; Colart, meunier, gros bourgeois de la Comté de Clermont, et enfin une femme, une fille de noble, la dame de Béthencourt, ce sont ceux-là qui conduisent les Jacques.

Mais ces derniers comprennent, avec un sens profond, qu'il leur faut un chef suprême qui sorte d'eux, qui ait souffert de leurs douleurs, afin de partager leur soif de vengeance. Et ils élèvent, d'une commune voix, Guillaume Calle, du village de Merlot en Beauvoisis. C'était un paysan, obscur la veille, mais qui se montra aussitôt à la hauteur de sa mission.

Appeler les bourgeois à se confédérer avec les Jacques, telle fut sa première pensée. Des émissaires sont envoyés par lui dans les villes. Les unes, ne comprenant pas la similitude de leur cause avec la cause populaire, refusent une alliance qu'elles jugent compromettante ; d'autres, fermant les yeux, aux excès commis, ne voient qu'à atteindre ce but : se délivrer des nobles, et elles tendent la main aux paysans. Parmi ces dernières villes devait se trouver Paris.

Etienne Marcel planait trop haut, pour ne point avoir vu l'identité du mouvement qui avait entraîné les vilains des villes à conquérir leur liberté, et celui qui, à cette heure, emportait les serfs. C'était toujours la même lutte, lutte si souvent renouvelée sous ses formes diverses, de l'esclave et du maître, de l'opprimé et de l'oppresseur, de celui qui s'est créé un droit à la domination, et de l'homme qui s'est imposé le devoir d'être libre. Le chef de la municipalité parisienne ne pouvait donc qu'applaudir au soulèvement des paysans, soulèvement qui pouvait apporter un si puissant appui à la révolution bourgeoise.

Il entra dans les vues de Guillaume Calle, pour établir entre les campagnes et les villes une vaste alliance. Il chercha, tout d'abord, à arrêter les excès des Jacques, et lui qui, le premier, avait ordonné deux meurtres, écrivait aux communes flamandes « : Mieuls aimeryons estre mort que avoir apprové les faits par la manière qu'ils furent commencés par aucun des gens du plat-païs de Beauvoisis. »

Sentait-il trop tard que si le sang versé, dans un noble but, est justifiable aux yeux de l'avenir, il obscurcit dans le présent la meilleure des causes, et que la victime qui devient bourreau, échange son titre de persécuté en celui de persécuteur ?

Le prévôt n'en ordonnait pas moins aux paysans la destruction de tous les châteaux qui pouvaient nuire aux Parisiens. Cette fois, nous dirons : Les pierres ne pensent ni ne souffrent ; s'attaquer à elles est autre chose que de s'attaquer à la vie humaine. Puis, prenant lui-même en mains, en quelque sorte, la direction de la Jacquerie, Marcel lui imposa des chefs, et organisa deux corps d'armée composés de volontaires miliciens à la solde du budget municipal, et les envoya, non seulement pour cimenter l'union de Paris et de la province, mais pour essayer de modérer l'effervescence de ces bandes dispersées des Jacques, et de les faire marcher ensemble vers un but commun.

Trois bourgeois, trois hommes honorablement posés, furent mis à la tête des Parisiens. L'un d'eux, riche épicier de la Grande rue Saint-Denis, s'appelait Pierre Gilles ; l'autre, orfèvre, se nommait Pierre Desbarre ; le troisième n'était rien moins que le prévôt des Monnaies, Jean Vaillant.

Les deux premiers furent chargés d'attaquer les châteaux du sud de Paris, et d'entraîner par leurs conseils et leurs exemples les paysans de cette contrée, restés jusqu'alors indifférents à l'insurrection ; le dernier devait rejoindre Guillaume Calle, à Ermenonville.

Ils accomplirent leur mission avec succès. Au nom du prévôt et des échevins de Paris ils soulevèrent tous les pays où ils passèrent. Bravement, ils s'attaquèrent aux forteresses, les détruisant, si c'était nécessaire ; se contentant le plus souvent d'en enlever la toiture et d'en arracher les barreaux de fer. Partout ils imposèrent le respect de la vie, partout ils protégèrent et la femme et l'enfant, et souvent on les vit, ouvrant leurs colonnes, y recevoir, comme dans un asile, leurs ennemis aux abois.

Conduite ainsi, peut-être la cause populaire eût-elle triomphé, si elle n'eût été trahie par le roi de Navarre. Oui, l'orateur du Pré-aux-Clers, dont les discours enflammés enthousiasmaient le peuple, le prince qui s'était fait l'allié du prévôt des marchands, c'était celui-là qui allait porter à la Jacquerie le premier coup.

Nous l'avons dit : Charles-le-Mauvais n'était un homme ni de conscience, ni de conviction. Par intérêt et ambition, il s'était rapproché du parti bourgeois, mais sans abdiquer son esprit de race, sans renoncer à aucun de ses préjugés aristocratiques. Très-intelligent, mais étroitement égoïste, il comprit vite que, si le double mouvement des campagnes et des villes triomphait, c'était à la fois la victoire de la liberté et la condamnation des principes féodaux de despotisme, représentés à cette époque par les nobles et le roi. Or, il était de la noblesse et il touchait au trône. Il n'avait rien à gagner dans cette grande lutte. Il fallait donc à tout prix comprimer, arrêter l'élan de la nation vers son indépendance.

Et le Navarrais, avec sa fougue habituelle, courut sus aux Jacques. La première troupe qu'il rencontre était conduite par un noble transfuge : Germain de Révillon; il la battit, et bientôt, chance heureuse ou trahison, il fut le maître de Guillaume Calle. Ce dernier avait-il été livré par les habitants de Clermont? S'était-il rendu à une entrevue sollicitée par le prince, qui fit main basse sur lui ? L'histoire hésite entre ces deux versions. Quoi qu'il en soit, Charles tenant son adversaire, ce dernier n'avait plus qu'à mourir. On lui trancha la tête, et, détail horrible ! comme symbole dérisoire de sa royauté éphémère, on l'avait couronné, avant qu'il expirât, d'un trépied de fer rouge. Puis, poursuivant le cours de ses exploits, le roi de Navarre, tua, dit-on, en un seul jour, à Montdidier, près de 3,000 paysans.

Le signal était donné ! Le succès remporté sur les Jacques par le premier noble du royaume, ranima ces gentilshomme rendus jusqu'alors impuissants par la peur. Le régent se réveillait à son tour, prêt à armer pour défendre sa noblesse, alors qu'il n'avait pas su défendre la France.

Par tant de forces réunies, la Jacquerie allait être vaincue : Etienne Marcel en eut l'intuition profonde. Mais, si le soulèvement des campagnes était condamné à subir une échec, il fallait du moins sauver Paris, et commencer par reprendre au régent le Marché de Meaux.

Rappelant aussitôt Pierre Gilles et Jean Vaillant, le prévôt les mit à la tête de la grande entreprise. Chose curieuse à noter ! l'homme de commerce eut le pas, dans cette circonstance, sur le fonctionnaire public, et ce fut lui qui reçut le commandement en chef. Faut-il voir dans cette préférence accordée à Pierre Gilles, la marque d'une supériorité de caractère et de talent sur Pierre Vaillant ? ou faut-il dire, avec M. Perrens, qu'Etienne Marcel témoignait ainsi de son dédain pour les distinctions officielles ?

Les deux vaillants bourgeois ne marchèrent pas moins en parfaite harmonie d'intention et de but, entraînant sur leurs pas de huit cents à mille Parisiens bien armés. Cette petite troupe grossit en route de tous les Jacques qu'elle rencontra, mais elle fut loin d'atteindre au chiffre de dix mille, dont parle l'inventif Froissard.

La ville de Meaux qui n'avait vu qu'avec déplaisir la prise de la forteresse par le régent, accueillit les envoyés d'Etienne Marcel comme des libérateurs. Ceux-ci, en voyant flotter les pennons blancs au haut des tours, pouvaient se dire avec confiance, qu'à ce drapeau royal de couleur uniforme, allait bientôt succéder le drapeau municipal aux couleurs rouge et bleue. Ne savaient-ils pas, en effet, que le Marché, c'est-à-dire le Fort, était mal gardé et qu'il contenait en outre trois cents nobles dames, dont faisait partie la duchesse, femme du Régent et la sœur de ce dernier, Isabelle de France ? Quelle belle capture, s'ils se rendaient maîtres du château ! Avec de pareils ôtages entre leurs mains, que ne pouvaient-ils obtenir du duc de Normandie ? Aussi, avec quelle ardeur ils commencèrent aussitôt le blocus !

Ils avaient compté sans l'imprévu.

Eh ! l'imprévu, n'est-ce point la chose ordinaire, normale, en temps de guerre, surtout à cette époque là, où le monde était parsemé de tant de chevaliers coureurs d'aventures ?

Deux de ces chevaliers arrivèrent à l'improviste, suivis de nombreuses lances. C'était Jean de Grailly, bien connu sous le titre de Captal de Buch, et Gaston de Foix, célèbre sous le surnom de Phœbus, qui nous le montre blond et superbe comme Apollon.

Quelle place étrange ce dernier occupe dans nos chroniques ! Froissard lui a consacré ses plus longues et plus belles pages, et Victor Hugo l'a mis en scène dans sa *Notre Dame de Paris*. Quel caractère ! et commé il était

bien digne d'être le beau-frère du roi de Navarre! A
Foix, dans ce château que nous avons gravi, car avec ses
murs épais de granit, ses créneaux sans nombre et ses trois
hautes tours, il reste éternellement debout, sur le formidable roc escarpé qui domine la ville et que baigne
l'Ariège bondissant et écumant ; à Foix, Gaston avait
créé une des Cours seigneuriales et troubadouresques
les plus brillantes, qu'il assombrit du meurtre de son
propre fils. Il ne cessa de férir des coups. Et de quel
côté? Oh ! le vaillant Phœbus ne se trouvait point sans
raison en compagnie de ce captal de Buch, qui devait
être plus tard, à Cocherel, l'adversaire de Duguesclin ;
tous deux, brillants aventuriers, sans notion aucune de
patrie, étaient du parti des Anglais. Disons, pour être
juste, que, seigneurs hantant les cours d'amour, ils
étaient avant tout du parti des dames.

Les deux Méridionaux venaient d'apprendre que de
nobles dames étaient assiégées dans un fort, menacées
peut-être, et par qui? Par des manants. En toute hâte, ils
accourent à Meaux, suivis de cent hommes d'armes, péné-
trent, de nuit, sans être vus, dans la forteresse, et, au jour,
brusquement, se précipitent lances au poing sur les as-
siégeants. Ces derniers, pris à l'improviste, reculent;
cependant les archers parisiens recouvrant leur sang-froid
opposent à ces gentilhommes cuirassés et armés de toutes pièces, une résistance inattendue. Mais derrière la vail-
lante petite troupe, la masse cède, et alors commence
une horrible boucherie.

Oh ! ici, il faut croire Froissard, lorsqu'il parle en
triomphateur de ces malheureux que les nobles vainqueurs « abattaient à grands monceaux, et tuaient
ainsi que bêtes. » Non content de tuer, ils eurent re-

cours au feu : La flamme dévora la ville et les fau-
bourgs. Ceux qui voulaient fuir étaient refoulés vers
l'incendie, ou contraints de se jeter dans la Marne.
Tous y passèrent : paysans et bourgeois, coupables et in-
nocents, et ces gentilshommes français ont pu faire dire
à l'historien Boulainvilliers « qu'ils firent dans ce pays
plus de ravages que les Anglais n'en eussent pu faire. »

A partir de cette funeste journée, où la bourgeoisie parisienne avait été vaincue en même temps que les Jacques,
une effroyable réaction commence. « Toute révolution
avortée, a écrit M. Eugène Bonnemère dans son admirable *Histoire des paysans*, met une arme terrible entre
les mains du parti vainqueur. Les nobles avaient eu
peur, ils avaient tremblé et pâli devant Jacques Bonhomme, et il n'y a rien d'implacables comme ceux qui
ont peur et qui redeviennent les plus forts. » Et il
ajoute plus loin : « On a flétri la Jacquerie, mais on s'est
bien gardé de raconter la contre-Jacquerie, mille fois
plus riche en forfaits hideux. »

Le soulèvement des paysans avait commencé le 21
mai, le 9 juin, il peut être considéré comme terminé.
Il avait donc duré à peine trois semaines : la répression
devait durer trois mois.

Nous n'entrerons point dans les détails des atrocités
qui se commirent. Tout ce que la force brutale et hai-
neuse peut faire à la faiblesse désarmée, les nobles le
firent aux Jacques. « Que pouvait, nous dit l'historien
cité plus haut, le bonnet de laine contre le casque de
fer ? Que pouvaient des paysans nus et à pied contre ces
centaures de bronze ? Que pouvaient les bâtons ferrés,
les faux et les fourches contre ces hommes à la poitrine

cuirassées d'un triple airain, tandis qu'il n'opposaient qu'une veste de bure à la lance de ces chevaliers qui se fatiguaient, invulnérables, à les abattre autour de leurs robustes destriers ? »

Combien tombèrent ainsi ? Nul n'a compté les cada-vres qui couvraient les routes ! Nul n'a sondé ces fosses béantes, immense charnier humain, où les victimes ve-naient s'entasser à côté des victimes, sans qu'on s'in-quiétàt, si, pour toutes, la mort avait achevé son œu-vre.

Etienne Marcel, impuissant à s'opposer à ce déborde-ment de folie furieuse, essaya du moins de faire parta-ger aux habitants des villes sa juste indignation. Le 11 Juillet, il leur fit parvenir une lettre, où, en termes élo-quents et émus il flétrit ce qui se passe.

« Les nobles, dit-il, sont venus en deçà de la Somme et de l'Oise pour tuer et voler, sans faire distinction des coupables et de ceux qui ne l'étaient pas, des bons et des mauvais ; et, quoique plusieurs d'entre eux n'eussent souffert aucun dommage, ils ont brûlé les villes, tué les gens, dérobé et pillé, mis à la torture femmes, en-fants, prêtres, religieux, pour leur faire dire où était ce qu'ils possédaient ; ils ont fait mourir dans les tour-ments beaucoup de ces gens-là, profané les églises, les sanctuaires, enlevé la chape et le calice au   prêtre, au moment où il officiait, jeté à leurs valets l'hostie consa-crée, aux murailles le sang de Notre-Seigneur, mis à ran-çon les églises, abbayes, prieurés qu'ils ne brûlaient pas, ainsi que les prêtres;... fait, en un mot plus de maux que jadis les Sarrasins. Ce qu'ils ont pris, ils l'ont

Répression de la Jacquerie

emporté en Flandre, en Artois, en Vermandois, et surtout à Compiègne, qui leur était dévouée et leur servait
de recel. Aujourd'hui encore, ajoute Marcel, ils continuent de tuer ou rançonner les marchands, ils leur
prennent leurs marchandises, il tuent et volent tout
homme qu'ils rencontrent, habitant des villes ou labou-
reurs. » Et, voulant terminer par un trait qui à travers
les seigneurs atteigne le duc de Normandie, « le régent,
dit-il, agrée et avoue tout ce qu'ils font. »

C'est ainsi que le grand citoyen qui avait voulu modérer et régler la Jacquerie, jugeait cette noblesse inaccessible à la pitié, et incapable de comprendre la Justice.
Hélas ! le moment approchait, où celui qui faisait un
appel en faveur des victimes, allait tomber victime, lui
aussi, des mêmes hommes guidés par les mêmes passions.

XI

LA FAUTE D'ÉTIENNE MARCEL

Jusqu'à présent nous avons pu suivre notre héros dans tous les actes de sa vie publique, et nous n'avons cessé de le trouver à la hauteur de sa patriotique mission. Si le sang des Maréchaux fut versé par lui, c'est qu'il crut servir la plus généreuse des causes, et l'histoire est souvent forcée d'excuser, tout en les regrettant, les excès où se jette un individu ou un peuple, poussé par les circonstances aux dernières extrémités.

Étienne Marcel était convaincu que les Conseillers du duc de Normandie s'opposaient seuls aux vœux de la nation : ils étaient l'obstacle, cet obstacle il le détruisit. Mais quel fut donc le sentiment qui le jeta, lui, le défenseur des Jacques, dans les bras de Charles-le-Mauvais encore couvert du sang des malheureux vaincus ?

Pourrons-nous, même en sondant les nécessités implacables de la situation, laver le prévôt de Paris de cette faute ? Nous ne le croyons pas,

L'appel qu'il venait de faire à la province, était resté sans échos. On avait bien lu sa lettre, ainsi qu'il le recommandait, dans les Assemblées communales et populaires; mais artisans et bourgeois n'étaient plus agités par le grand souffle démocratique, qui avait passé sur eux, du XIe au XIIe siècle. Leurs pères avaient joué leur vie pour conquérir leur part de liberté; eux, ils avaient peur ! Les terribles vengeances des nobles les terrifiaient, et ils ne pouvaient se faire à la pensée que leurs villes, dont ils avaient vu grandir la prospérité, deviendraient, comme Meaux, un monceau de cendre. Ils ne pouvaient accepter que leurs femmes et leurs enfants, aujourd'hui protégés par les hautes murailles et les règlements de la commune, erreraient demain sans asile, sans pain, chassés, traqués par les vainqueurs de la Jacquerie, qui seraient aussi leurs vainqueurs. Et, oubliant la loi de solidarité qui, par un long enchaînement, fait du malheur de quelques-uns un malheur qui atteint tous les autres, la bourgeoisie de province retira sa main de la main de la bourgeoisie parisienne, et se replia égoïstement sur elle-même.

Encore une fois, Paris restait seul ; seul, avec une population qui s'accroissait, chaque jour, des misérables serfs vaincus; seul, avec une misère qui atteignait des proportions effrayantes. Aux alentours, les campagnes étaient dévastées, et dévastées par qui ? Par les nobles.

Le régent était venu camper près de Charenton, avec ses gentilshommes, suivis de leurs valets et écuyers, ce qui composait une armée d'une trentaine de mille hommes. Là, ils s'en donnaient tous à cœur joie, rançonnant, pillant, dévastant, trouvant moyen, à l'aide, d'un pont de bateaux, de s'accaparer les deux rives de la Seine, pour empêcher le ravitaillement des Parisiens ; si bien, que Michelet a pu dire : « C'est un prodige que Paris ne soit pas mort de faim. »

Non, il ne devait pas mourir de faim, grâce à l'énergie de son prévôt. Mais, si Étienne Marcel, malgré la disette et l'abandon des villes, gardait encore au cœur quelque espoir de salut, autour de lui la confiance diminuait. Toute cette masse flottante d'esprits indécis et de cœurs lâches, à qui la force impose et que le succès entraîne, n'avait pu voir sans effroi pâlir l'étoile de l'homme qui, durant près de trois ans, avait tenu la royauté en échec. A l'heure présente, cette royauté reprenait son audace : c'est vers elle qu'on se retournait.

Marcel, sentant faiblir son autorité à mesure que croissaient les dangers, se demanda par quels moyens énergiques, il pouvait sauver la situation, et opposer au régent un adversaire redoutable. Le roi de Navarre, malgré sa félonie, lui parut seul propre à ce rôle. La noblesse qui entourait le prince devait, dans l'esprit du prévôt, se rallier à la bourgeoisie ; son armée se joindrait à l'armée parisienne et. de toutes ces forces unies, pourrait résulter la victoire du parti populaire. Le tribun se rendit donc à Saint-Ouen, et offrit à Charles-le-Mauvais le titre de capitaine des Parisiens. Celui-ci se hâta d'accepter, et, le 14 juin, il faisait son entrée dans la grande cité, dont il était devenu le chef militaire.

Le peuple partagea l'illusion funeste d'Étienne Marcel, et ce fut par des acclamations enthousiastes, qu'on accueillit l'homme qui avait menti à toutes ses pro-

messes. Eh! bien, ces mêmes promesses, il osa les
renouveler. De la Maison-aux-Piliers, il s'adressa à la
foule, déclarant qu'il aimait la France, qu'il était prêt
à vivre et à mourir pour le bien de tous, et la foule
entraînée encore par cette parole éloquente, répondit
au royal orateur par ce cri de confiance et d'espoir :
« Navarre ! Navarre ! »

A quelques jours de là, le nouveau capitaine allait à la
rencontre des troupes royales pour les combattre et
essayer de débloquer Paris. Jamais plus nombreuse
armée n'était sortie des murs de la ville assiégée. Aux
hommes d'armes du Navarrais, qui égalaient les
hommes d'armes du régent, s'étaient joints quinze
mille Parisiens pleins de confiance et d'ardeur : la victoire, en effet, paraissait certaine.

Ce fut dans la Brie, qu'on se trouva, pour la première
fois, en présence d'un corps d'armée royaliste. On s'arrête, on se mesure, on se compte du regard. Soudain,
Charles de Navarre lance son cheval en avant. Est-ce
de sa part généreuse témérité ? Est-ce le signal du
combat qu'il donne ? Non ! il s'approche des chefs
adversaires, parlemente un instant avec eux, puis re-
vient vers les siens et donne l'ordre du retour.

Impossible d'expliquer, en cette circonstance, le
motif qui fit agir Charles-le-Mauvais.

Au moment d'entrer en lutte avec les gens de sa
caste, avait-il douté tout à coup du triomphe de la
cause populaire ? Il faut le croire. Seulement, lorsque
Paris vit rentrer ces soldats qui n'avaient même pas
fait usage de leurs armes, ce chef qui avait traité en

amis ceux qu'il avait juré de combattre, l'indignation, la colère éclatèrent de toutes parts.

Charles sentit qu'il n'était point prudent de rester au milieu de cette population exaspérée : Il se retira à Saint-Denis. C'est de là, que, poussant jusqu'au bout sa trahison, il se rapprocha de son cousin, et ils traitèrent ensemble. Après s'être assuré pour lui-même biens, argent, honneurs, Charles-le-Mauvais promit au régent de le servir contre tous.

Il lui répondit en même temps de l'obéissance des Parisiens, s'engagea pour eux, sans y être autorisé par qui de droit, au paiement de huit cent mille écus d'or, (dix millions,) à condition que toute peine corporelle leur serait remise.

Il courut aussitôt présenter ce traité aux chefs populaires. Il croyait trouver des hommes découragés par la lutte et trop heureux d'applaudir à ce qu'il venait de faire. Quelle fut sa surprise, lorsqu'on l'accueillit par les mots de parjure et de traître ! Décontenancé d'abord, craignant même, sinon pour sa vie, du moins pour sa liberté, il eut recours à l'esprit de ruse qui ne lui faisait jamais défaut. Il déclara sans ambage que les promesses faites à son cousin étaient nulles, car ils les avait signées sans avoir communié ; que du reste son intention n'avait été que de tromper le régent pour mieux servir le peuple.

On le prit au mot. On retint à Paris l'escorte qui l'accompagnait, et, dès le lendemain, Marcel lui faisait faire une sortie contre les troupes royales. Cette démonstration suffit pour prouver au duc de Normandie qu'il était trahi. C'était ce qu'on voulait : désormais, toute alliance était devenue impossible entre les deux princes.

Le triste rôle joué par le Navarrais, ramena Étienne Marcel aux inspirations de ses meilleurs jours, celles qu'il n'aurait dû jamais abandonner. Il tenta un suprême appel auprès des villes, et ce grand esprit qui eût pu dire, en modifiant un peu le vers du poète :

> La Liberté c'est mon pays !
>
> (LAMARTINE.)

n'hésita pas à adresser également sa lettre aux communes de Flandres. Cette lettre est restée comme le testament politique de l'illustre patriote. Là il retrace à grands traits les événements où sa vie publique a été mêlée ; ses efforts, pour transformer la Jacquerie, et, montrant les nobles comme les plus cruels ennemis de la nation, il demande aux Villes de prêter main-forte à la cause populaire, car « embrasser cette cause, c'est faire acte plus agréable à Dieu qu'une croisade contre les Sarrasins. »

Il faut se saisir partout de ces gentilshommes qui sèment la dévastation, empêchent la terre de produire, pillent et brûlent les villes ; il faut qu'on leur reprennent les richesses dont ils ne se sont rendus les maîtres qu'en violant les droits d'autrui. Puis, comme si en invoquant le nom du roi de Navarre, Etienne Marcel eût voulu donner plus de force à ses paroles : « On veut nous mettre à la charrue avec les chevaux, s'écrie-t-il, mais avec l'aide du roi de Navarre qui nous soutient, nous en défions nos ennemis ! »

Qu'auraient cette fois répondu les Villes à ce mani-

feste éloquent qui, remontant à l'origine du mal, en
cherchait le remède, et indiquait que le salut n'était
que dans le renversement du monde féodal? Ce
furent les événements qui se chargèrent de la réponse,
et marquèrent, par la mort d'Étienne Marcel, à la
révolution qu'il voulait accomplir, une halte immense
de plus de quatre siècles.

XII

ASSASSINAT D'ÉTIENNE MARCEL. RÉACTION QUI SUIT CETTE MORT

Pendant qu'Étienne Marcel aux prises avec les diffi-cultés d'une situation terrible, essayait par tous les moyens d'éviter un dénouement désastreux, le parti qui s'était formé contre lui ne cessait de grandir. Aux trem-bleurs, aux lâches qui marquent le premier pas des dé-faites, s'étaient joints les envieux, qui n'avaient pu voir sans dépit s'élever un des leurs. Aux plaintes des pre-miers vinrent se mêler bientôt les calomnies des se-conds.

Le duc de Normandie, mis au courant de ces divisions intestines, s'empressa d'envoyer dans Paris des agents secrets, pour attiser perfidement le feu. On exploitait surtout, contre le prévôt, la faim qui commençait à se faire sentir, et l'introduction dans la ville des merce-naires de Charles-le-Mauvais, mercenaires pris un peu dans tous les pays, mais que les ennemis de Marcel avaient bien soin de comprendre sous la dénomination unique d'*Anglais*.

— C'est lui, disait-on, c'est le prévôt qui est cause de notre misère, cause de nos souffrances. Il est le maître de tout, il est donc responsable de tout. Et quelques-uns ajoutaient : — Pourquoi ne se réconcilie-t-il pas avec le régent et ses nobles ? Mieux vaudrait cela que d'amener parmi nous les Navarrais, qui ne sont pas des Français.

Etienne Marcel répondait à la première de ces accusations, en redoublant d'efforts pour ravitailler Paris. Son administration intelligente, honnête, dévouée, n'ayant pas suffi pour résoudre le grand problème de l'existence matérielle de la ville que Michelet a si bien nommée « la dévorante cité, » il ordonna de fréquentes sorties, pour essayer de la débloquer.

Un jour même, il se mit à la tête des troupes, et les mena contre Corbeil, dont le régent venait de s'emparer. Un plein succès couronna cette hardie entreprise. Corbeil fut reprise, et le pont de Charenton détruit. Pour arriver plus sûrement à accomplir ce dernier fait d'armes, Marcel et la colonne qu'il conduisait avaient pénétré dans le fleuve, jusqu'à la ceinture. Le prévôt put rentrer fièrement au milieu de ses amis et de ses ennemis : il apportait des vivres, et traînait à sa suite des gentilshommes faits prisonniers.

Ce triomphe apaisa un instant les querelles intestines, et le duc de Normandie, étonné d'une lutte si opiniâtre, fut le premier à parler de réconciliation. Marcel et ses amis crurent ne pas devoir repousser de pareilles avances. Ils étaient sans argent ; les greniers seraient bientôt vides, ne valait-il pas mieux traiter, en imposant des conditions, que d'attendre que le désespoir livrât Paris à la merci du vainqueur?

Eh bien! ici encore, les intentions généreuses du pré- vôt allaient servir d'armes contre lui. Quoi! il s'était entretenu avec le régent, son plus impitoyable ennemi? Quoi! il voulait rendre Paris, qui ne demandait qu'à se défendre? Et ceux mêmes qui étaient du parti royal, et qui avaient juré de ne point pactiser avec Marcel, ani- maient le peuple contre lui, l'animaient surtout contre les Navarrais, pour jeter le trouble des rues au milieu des complications des choses politiques.

Ils arrivèrent à leur but. Les querelles s'envenimèrent entre les Parisiens et les soldats du roi de Navarre; des collisions eurent lieu, le sang coula.

Que devait faire le prévôt chargé du maintien de l'or- dre? Donner raison aux plaintes de ses concitoyens, c'était consentir à chasser de Paris cette force armée, qui était sa dernière garantie contre le régent. Leur donner tort, n'était-ce point se perdre à jamais auprès d'eux?

Dans cette cruelle alternative, il compta tout conci- lier, en faisant arrêter les mercenaires, pour les relâ- cher secrètement en dehors de la ville. Ceux-ci, qui n'étaient que gens de sac et de corde, n'ont qu'une pensée: se venger des Parisiens, et, une nuit, ils vien- nent mettre le feu dans le bourg de Saint-Laurent, près de la Bastille. Exaspéré, artisans et bourgeois deman- dent vengeance à leur tour, et forcent Etienne Marcel et Charles-le-Mauvais à se mettre à leur tête. Ceux-ci y consentirent, mais préalablement ils avaient envoyé l'injonction aux soldats de Navarre d'éviter toute ren- contre. Ces derniers semblent d'abord obéir, et la colonne de sortie en est réduite à revenir sur ses pas.

« Quoique l'heure fut assez avancée, dit M. Perrens, il faisait une de ces lourdes chaleurs de Juillet qui ôtent tout courage. Les Parisiens fatigués rentraient sans ordre et par petits groupes, le bassinet à la main ou sur le col, traînant l'épée ou la portant pendue en écharpe. Tout à coup, quatre cents mercenaires, qui étaient en embuscade dans un chemin creux, tombent à l'improviste sur ces hommes débandés : une terreur panique s'empare des bourgeois ; ils s'enfuient de toutes parts ; mais, embarrassés de tout leur attirail de guerre, qu'ils n'avaient pas coutume de porter, deux cents d'entre eux sont tués sur place, et, pour ainsi dire, sans résistance ; les autres, poursuivis par leurs ennemis, succombent isolément ; la perte totale de la petite colonne fut d'environ six cents hommes. »

C'en fut assez ! De toutes parts le cri de trahison s'élève. Etienne Marcel, dans cette même ville dont il a été le maître et le chef adoré, entend des huées retentir sur son passage. En vain retire-t-il au roi de Navarre son titre de capitaine, et essaie-t-il de se rapprocher du régent ! Ce dernier voit la détresse de son adversaire, en profite, et répond aux négociateurs qu'on lui envoie, qu'il ne rentrera pas dans Paris, tant que sera en vie le meurtrier des deux Maréchaux.

La lettre, où le duc de Normandie impose comme gage de réconciliation, la mort de son ennemi, est entre les mains de Marcel. Que va-t-il faire ? Se sacrifier, c'est sacrifier en même temps ses plus fidèles coopérateurs, et à quoi aboutira ce sacrifice ? A rendre le pouvoir à un prince qui entend être le maître absolu de la nation

Tant de luttes, tant de sang versé, pour que le pays se courbe de nouveau sous le joug d'une aristocratie insolente, rapace et cruelle ! Condamner en un jour tous les efforts des Communes vers la liberté, et dire à la représentation nationale, seule garantie de cette liberté : « Tu n'es plus rien ; voici le règne de l'arbitraire qui recommence ! » non, le patriotique bourgeois ne peut accepter cet écroulement de son œuvre. Et cependant, il est vaincu. Encore un jour, deux jours peut-être, et le pas des chevaux des hauts barons et de leurs hommes d'armes, retentira sur les pavés de la grande ville. La faim aura eu raison de tout l'héroïsme déployé par Paris depuis trois ans. Une fois de plus, que faire? Ah ! de quelles perplexités cruelles l'âme du tribun dut-elle être la proie ! En consentant à mourir, il livre la nation à ses ennemis, qui sont les ennemis de tout progrès et de toute justice ; en vivant, il n'a plus les moyens de combattre ces mêmes ennemis.

Et bien, si ! un moyen lui reste de lutter encore. Sans doute, il faut qu'il abandonne sa haute conception d'une France confédérée, se gouvernant elle-même, sous la direction suprême des Etats-Généraux. Mais ne peut-il point, par un changement de dynastie, jeter le désarroi dans les rangs de la noblesse? Ne peut-il point, à celui qu'il couronnera de sa main, imposer des réformes auxquelles le pays n'aura qu'à applaudir, et qui lui assureront, sinon le libre gouvernement des communes de Flandre, du moins ce gouvernement représentatif, terme moyen entre l'absolutisme et la liberté, et que déjà pratique l'Angleterre ?

Il n'y avait qu'un seul homme qui pût servir, dans

cette circonstance, d'instrument à Marcel, c'était celui, toujours le même, que sa naissance rapprochait du trône, celui qui avait été autrefois un prince populaire, et à qui on allait demander de le redevenir.

Et se rendant au Conseil de Ville, là où siégeaient une douzaine d'hommes qui lui étaient tout dévoués, le prévôt leur avoua qu'il n'y avait plus qu'une chose à faire, qu'un point à atteindre, comme extrémité fatale : offrir la couronne au roi de Navarre.

Tous applaudirent à cette résolution.

Charles-le-Mauvais était toujours à Saint-Denis. Lorsque Marcel eut abdiqué entre ses mains toute autorité, lorsqu'il se sentit vraiment le maître, il se hâta de renforcer son armée, et de s'assurer le concours des villes et châteaux qui entouraient la capitale de la France, et qui allait devenir *sa capitale*.

Le complot avait été si mystérieusement, si rapidement ourdi, que le triomphe paraissait certain. Mais, pendant qu'Etienne Marcel dévoilait son plan et son but à ceux qu'il croyait ses amis, ses coopérateurs dévoués, un traître siégeait parmi eux : Ce traître était l'échevin Jean Maillard.

« Jean Maillard, nous dit M. Perrens, était un homme sans valeur, que ni ses alliances de famille, (il était parent de Marcel) ni ses opinions, ni l'amitié du prévôt n'avaient pu mettre au rang de Charles Toussac, de Robert de Corbie et des autres chefs du parti populaire. Tout porte à croire que l'envie, compagne ordinaire de la médiocrité, dévorait son âme et le disposait d'avance à prêter l'oreille aux propositions des mécontents. » C'est vers cet homme que les partisans du régent tournèrent les yeux.

Depuis longtemps, eux aussi, conspiraient en faveur de la royauté! A la tête des plus zélés de ces conspirateurs étaient Pépin des Essarts et Jean de Charny. Ils flattèrent la vanité de Jean Maillard, lui arrachèrent habilement le secret des séances du Conseil de Ville, et, lorsque l'échevin se fut assez compromis auprès d'eux, ils achevèrent de faire de lui un traître, en lui promettant la première place dans la conjuration qui allait perdre le prévôt et son parti.

Dans la nuit du 31 Juillet au 1er Août, les portes de Paris devaient être ouvertes au roi de Navarre. Lorsque minuit sonna, Étienne Marcel, suivi de quelques-uns des siens sortit de la Maison-aux-Piliers, pour se rendre à la bastille Saint-Denis. Ils s'agissait de remettre la garde de cette porte à Josserand de Mâcon, trésorier du roi qui, à l'heure dite, devait laisser passer Charles-le-Mauvais et ses troupes; Jean Maillard était là, tenant les clés. Étienne Marcel les lui demande; il refuse de les livrer. Une vive altercation a lieu. Soudain, Jean Maillard saisit une bannière, et, suivi de gens accourus à son appel, parcourt la ville, poussant ce cri de ralliement : « Montjoie et Saint-Denis, au roi et au Duc! » Les fenêtres et les portes s'ouvrent. Les rues se remplissent d'amis du régent, dont le nombre se grossit de curieux et d'indifférents. Que se passe-t-il? La masse l'ignore, et, parce qu'elle l'ignore, croit ce que les intéressés racontent : « Marcel est un traître, disent-ils, rien qu'un traître. Il veut livrer Paris aux *Anglais*. »

Le prévôt se sent perdu. Il accourt à la porte Saint-Antoine, cherchant à rallier tous ceux qui lui sont restés fidèles. Ceux-là commencent à faire cortége autour de lui, lorsque, soudain, Maillard apparaît, suivi de la foule. Les deux chefs échangent des paroles de colère et des menaces. Une collision a lieu; Étienne Marcel tombe frappé par la main d'un garde obscur. Les amis qui l'entourent étaient au nombre de cinquante-quatre : leurs cinquante cadavres jonchent le sol auprès du cadavre du tribun.

« Ainsi finit le grand Étienne Marcel, s'écrie M. Henri Martin. Il avait voulu, le premier en France, fonder le gouvernement libre, le gouvernement de la nation par elle-même ; il avait voulu substituer au gouvernement de ceux qui commandaient par droit de naissance, le gouvernement des plus capables et des plus honnêtes, et remplacer par le bon ordre et l'intérêt public, un mélange insensé de tyrannie et d'anarchie. Il avait voulu non pas seulement l'avantage de la riche bourgeoisie à laquelle il appartenait, mais le bien de tout le peuple.

« Il était venu trop tôt, ajoute notre Historien national. Paris l'avait dignement secondé ; mais le reste de la France n'avait pas été en état de s'élever au gouvernement libre. Cinq siècles ont passé, et la France en est encore à lutter pour le conquérir. »

La réaction qui suivit la mort d'Étienne Marcel devait être terrible. La liste des proscriptions avait été dressée à l'avance, et, dès la première nuit, soixante des partisans du prévôt, qui avaient joué quelque rôle important furent jetés dans les prisons du Châtelet. On devait les juger. Mais celui qui fut plus tard surnommé *le sage*, n'éprouvait qu'une passion : celle de la vengeance. Il déclara qu'il ne reviendrait à Paris que si, aux victimes déjà tombées, on en ajoutait deux autres. Ces deux autres étaient toutes désignées. On dressa un simulacre de tribunal, et, le 2 Août, la tête de l'éloquent échevin Charles Toussac et celle de son ami Josserand de Mâcon roulaient en place de Grève.

Le *gentil sire* put alors rentrer dans sa capitale. Sur les marches de l'église sainte Catherine du Val des Écoliers, là même où les deux Maréchaux assassinés avaient été étendus, gisait maintenant, nu et mutilé, le cadavre de Marcel. Ce spectacle dont toute âme généreuse eût été blessée, dut être savouré par l'âme froide et vindicative de ce prince de 22 ans. N'appartenait-il pas à la race de ces autoritaires césariens pour qui « le corps d'un ennemi mort ne sent jamais mauvais ?»

Une seule chose put modérer sa joie : Le peuple qui lui faisait cortége poussait bien des exclamations et des hourras, mais chez lui point d'enthousiasme. Les bouches s'ouvraient, les visages restaient mornes ; quelques-uns même exprimaient une sombre énergie, et semblaient dire que, si la partie était perdue, la défaite n'était pas acceptée. Le régent put s'en apercevoir, lorsqu'un artisan, plus hardi que les autres, fendit la foule, s'approcha de lui et s'écria : « Pardieu, sire, si j'avais été cru, vous n'y fussiez jamais entré ; mais, après tout, on y fera peu pour vous. »

Le prince arrêta l'épée d'un de ses gentilshommes, qui allait frapper l'insulteur. Celui qui, la veille, s'était montré implacable, et qui allait, le lendemain, se montrer plus implacable encore, craignit que ce sang versé en pleine rue et en plein populaire, suffit pour faire relever la tête à la sédition. Il usa de cet empire sur lui-même, qui devait lui servir tant de fois à donner le change sur l'étroitesse de son âme et la médiocrité de son esprit, et il se contenta de répondre à son interlocuteur, avec un sourire contraint : « On ne vous en croira pas, beau sire. »

Il était du reste si peu sûr de son triomphe qu'au lieu d'aller habiter son hôtel Saint-Pol, dans la rue Saint-Antoine, il s'enferma au Louvre, qui était bien armé et bien bastionné. C'est de là qu'il lança ses ordres de supplices et ses décrets de confiscation. Ce dernier moyen de vengeance lui souriait particulièrement. N'était-ce point refaire commodément ses finances ? et de la même main qui ruinait, réduisait ses adversaires au néant, il pouvait récompenser ceux qui l'avaient si bien servi.

On vit donc successivement : Pierre Gilles, Gilles Caillart, châtelain du Louvre, Jean Prévost, Pierre Leblond, maître Pierre du Puisieux, avocat au parlement, maître Godart, avocat au Châtelet, perdre la tête sur l'échafaud ; d'autres périrent de mauvais traitements ou de faim dans les prisons ; quelques-uns, entr'autre Robert Lecoq, reçurent ordre de quitter Paris, mais indistinctement ceux à qui on ôtait la vie, comme ceux à qui on la laissait, tous furent dépouillés de leurs biens, et leurs femmes et leurs enfants presque entièrement réduits à la misère.

Jean Maillart eut la plus grosse part du butin. Après lui vinrent Pepin des Essarts, son frère Jacques. Ce dernier hérita les biens de Charles Toussac ; le maréchal Boucicaut ceux de Robert Lecoq. Ce fut l'évêque de Lisieux, Jean de Dormans, Chancelier de Normandie, qui obtint l'héritage de Marcel : maison dans la ville de Ferrière, en Brie, terres, Bois sur le territoire de cette ville. Quant à l'hôtel du prévôt, situé rue de la Vieille-Draperie, il fut donné à la congrégation des Quinze-Vingts.

Pour compenser cette spoliation, et en faveur de son père qui avait rendu des services à Philippe VI, on rendit ses biens meubles à Marguerite des Essarts, veuve d'Étienne Marcel ; et, à celle qui avait apporté comme dot trois mille écus d'or (180 mille francs), on fit une rente annuelle pour elle et ses six enfants, de 60 livres parisis.

Marguerite des Essarts accepta sa destinée nouvelle sans murmurer, fière du nom qu'elle portait et dont elle devait enseigner le respect à ses fils. Deux siècles après, l'histoire retrouve des descendants d'Étienne Marcel, et elle constate avec joie, qu'aucun d'eux n'a jamais failli au glorieux héritage du grand tribun.

Mais cette famille du sang n'était point la seule que laissait Etienne Marcel. Il laissait des partisans, des amis, à qui la persécution ne put faire baisser la tête. Il laissait plus encore : cette famille d'âmes généreuses et d'esprits convaincus, qui continuent, à travers les siècles, la tâche patriotique et humaine, entreprise par l'illustre bourgeois du xiv⁰ siècle.

Parmi ses continuateurs immédiats, il y en a peu dont le nom n'ait pas échappé à l'oubli. L'histoire parle bien d'une conjuration, où dix-neuf des principaux affiliés furent exécutés ; puis d'une émeute soulevée à la parole ardente d'un clerc, Jean-Blondel ; puis encore, au mois de décembre, d'une conjuration nouvelle, où vingt-sept bourgeois, nous dit l'historien florentin Villani, eurent la tête tranchée ; mais le complot qui frappe le plus l'attention est celui qui fut tramé en 1359.

L'homme, qui en était l'âme, était un digne émule du prévôt par la tête et par le cœur : il s'appelait Martin Pisdoë. « Il était changeur, fort riche et fort estimé, écrit M. Perrens. Il n'était donc point un de ces vulgaires agitateur qui veulent tout gagner, parce qu'ils n'ont rien à perdre. Il fallait bien qu'il obéit à quelque conviction supérieure, pour s'engager dans une entreprise où il risquait non-seulement sa vie, dont tous les aventuriers font volontiers le sacrifice, mais un bien-être assuré et jusqu'à l'avenir de ses enfants. »

Prendre le Louvre ; « justicier » les Conseillers du régent les plus coupables ; rétablir le gouvernement des États, et, si le duc de Normandie refusait de s'y soumettre, proclamer roi Charles-le-Mauvais, tel était son dessein. Trahi, vendu par un des conjurés, Martin Pisdoë fut exécuté aux Halles, et ses membres séparés de son corps, jetés à la voirie comme ceux d'un chien.

Ce fut le dernier effort de la révolution populaire,

tant que durèrent le règne de Jean-le-Bon et celui du duc de Normandie, devenu Charles V.

La royauté est maîtresse de la situation. Où va t-elle conduire la France, pendant qu'à côté d'elle, l'esprit démocratique, qui n'a pu jeter que la semence, sans voir lever le grain, creusera son dur et douloureux sillon, tant de fois ensanglanté?

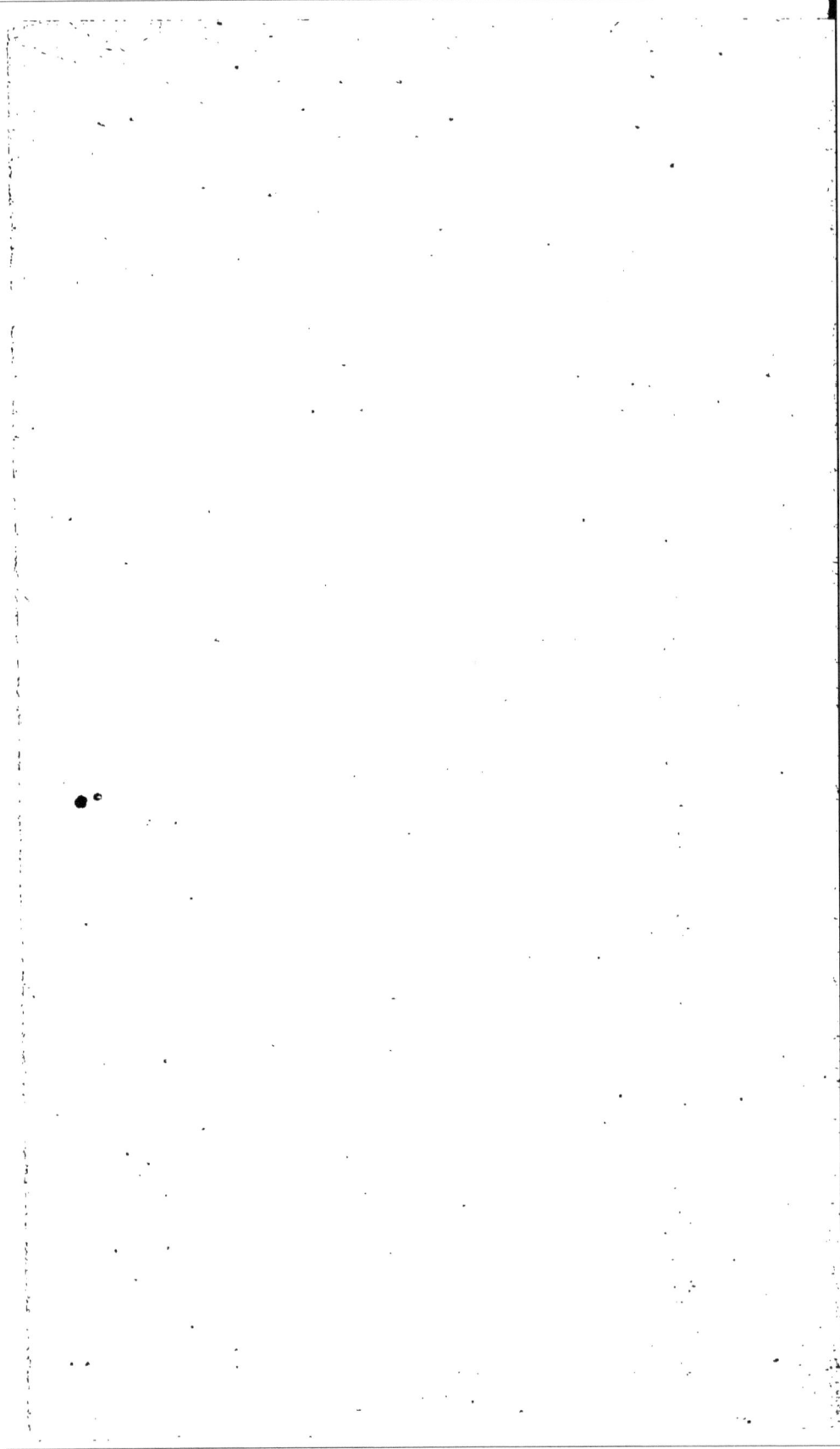

CONCLUSION

La royauté a triomphé. Que va-t-elle faire de sa vic-toire? Plus d'obstacles sur sa route: la mort d'Etienne Marcel a laissé le champ libre au pouvoir absolu.

Allons! pauvre France! tend le dos à tes maîtres pour qu'ils te tondent!... Deux ans ne se sont pas écoulés que déjà le chroniqueur peut écrire: « La France était à l'agonie, et,pour peu que son mal durât, elle allait périr. »

Va-t-on réunir les États-Généraux, et demander aux forces vives de la nation, de tenter un suprême effort vers le salut? Non! Pour la guérir, on aggravera le mal: on rachètera le roi Jean de sa captivité; avec quoi? Avec l'argent de ce pays déjà ruiné, piétiné, écrasé. Et, l'argent ne suffisant pas, pour que le vaincu de Poitiers vienne reprendre sa place sur le trône, sans hésitation, sans honte, on livrera à l'Anglais une partie des plus belles provinces du Midi et de l'Ouest, et, dans le Nord, Calais et ses annexes, pour que l'ennemi d'Outre-Manche ait toujours un pied à terre en France.

Et maintenant, que les populations livrées ainsi, protestent : qu'importe ? Qu'elles disent, comme les patriotiques habitants de la Rochelle : « Nous avouerons les Anglais des lèvres, mais les cuers ne s'en mouvront jà. » Qu'avec le Grand Ferré, le paysan combatte l'étranger jusqu'à sa dernière heure ; qu'avec le bourgeois Ringois, d'Abbeville, plus d'un héros obscur préfère la mort, plutôt que de prêter serment au roi d'Angleterre, qu'importe encore ? Jean II rentrera pour lever toujours des impôts sur la chair et le sang du peuple ; avant de mourir, il octroiera la Bourgogne à l'un de ses fils, comme on octroie une propriété privée, et créera ainsi cette maison fameuse, dont la longue lutte avec la maison de France, devait ensanglanter le pays d'un bout à l'autre.

Avec Charles V, oui, le traité de Brétigny sera comme déchiré : l'épée de Duguesclin délogera l'Anglais de partout. De plus, le nouveau roi est éclairé par l'expérience : il sera surnommé *le Sage*, parce qu'il est habile. Il reprendra en sous main, contre la noblesse, l'œuvre d'Etienne Marcel, mais à son profit. Ces nobles, sur lesquels il n'a cessé de s'appuyer, il les dépouillera de certaines de leurs prérogatives législatives, pour placer cesp rérogatives dans la main royale. Quant à la classe bourgeoise, s'il a appris à la haïr, il a appris aussi à la craindre : il faut donc la désarmer, et comment ? En flattant en elle le sentiment le plus accessible aux desseins perfides : la vanité. Et une Ordonnance autorise les bourgeois de Paris à porter éperons d'or, c'est-à-dire à devenir chevaliers ; une autre assure la noblesse aux prévôts et aux échevins des villes. Il n'en fallait pas davantage pour faire des serviteurs des libertés municipales, de dociles instruments du pouvoir central.

Aussi, ce pouvoir reprend peu à peu toutes ses forces. Contre qui va-t-il en user ? La bourgeoisie courbe la tête. En France, on la dédaigne ; on ira l'attaquer, là où elle est toujours vivace : en Flandre. Et Roosebeke, en 1382, sous Charles VI, noie dans le sang de 26 mille Flamands et de leur chef, le brasseur Arteweld, la cause sainte de la liberté !

Paris reçoit le contre-coup de cette terrible défaite. On vit la cité qu'Etienne Marcel avait rendu si forte et si indépendante, remettre aux officiers royaux les chaînes de fer, destinées à garantir les citoyens contre les violences nocturnes de la soldatesque ; et, sous prétexte de rébellion secrète contre la majesté royale, cent bourgeois des plus considérables sont exécutés.

L'humiliation d'un côté, le sang injustement versé de l'autre, remuent au cœur des Parisiens le vieux ferment révolutionnaire. Ah ! ces têtes coupées excitent des protestations ? On n'en coupera plus. On se contentera de ruiner, de chasser de toutes les hautes positions les récalcitrants, et, si la ruine, si l'impuissance où on veut les réduire ne suffisent pas, la nuit, dans un sac bien cousu, la Seine, de temps à autre, recevra un corps, que les flots, en se refermant, enseveliront à jamais, sans révéler le nom de l'assassin.

Ah ! cet assassin, l'histoire le connaît !

C'est ce jeune homme, usé par la débauche, et qui va devenir Charles VI l'*insensé*. Et la France, durant

8

trente années, sera enchaînée au trône de ce fou !...
Elle deviendra l'enjeu des princes, se disputant le pouvoir : c'est à qui s'en arrachera les lambeaux : d'Orléans, Bourgogne, Armagnac, trois noms qui ne disent
pour la patrie que crimes, ruines et deuils !

Or, pendant que tout ce qui représente le parti royal
va clore la série des malheurs de la France, en perdant
la bataille d'Azincourt, et clore la série des hontes, en
livrant, par le traité de Troyes, notre patrie à l'Angleterre, soudain un éclair de justice traverse ce ciel gros
de désastres et d'iniquités : on a cru tuer Etienne Marcel, et le voilà debout. Il revit en ces deux hommes : le
vieux et éloquent médecin, Jean de Troyes, et dans
l'érudit et audacieux Jean de Pavilly. Ils s'appuient sur
la masse, dans la personne de Simon Caboche, chef de
la corporation des bouchers ; et de leur délibération
sortira, en 1413, cette fameuse *Ordonnance cabochienne*,
« cette grande charte de réforme, ainsi que l'appelle
Augustin Thierry, œuvre commune du corps de la ville
et de l'Université, » et « où il y a plus de sagesse pratique, ajoute Frédéric Morin, que dans tout l'énorme re-
cueil des ordonnances monarchiques. »

Mais, hélas ! ne sachant point profiter de la faute
commise par Marcel, en s'alliant à Charles de Navarre,
les chefs du parti populaire cherchèrent à leur tour
l'appui du duc de Bourgogne. Trahi, poussé à tous les
excès, le peuple est vaincu, et alors commence la plus
effroyable des réactions que l'histoire peut enregistrer.
Celle de 1357 avait duré quelques jours, celle de 1414
devait durer cinq ans. L'aristocratie ne pouvant domp-
ter la démocratie, avait résolu de l'égorger en coupes

réglées. Tous les orgueils, toutes les avarices, toutes les haines se coalisèrent, et, pour le coup, ce fut bien fini. La grande ombre d'Etienne Marcel se recoucha dans son cercueil, pour ne se réveiller qu'au coup formidable de tonnerre de 1789.

Et l'on vit la royauté reprendre sa marche ascendante, arrachant aux villes, avec Charles VII, le dernier vestige de leurs libertés : leur défense personnelle. Abaissant, d'une part, avec Louis XI, la féodalité qui la gênait dans son expansion absolutiste, et, jetant les Flandres, d'autre part, dans les bras de l'Autriche. Lançant le pays, avec Charles VIII, dans ces folles guerres d'Italie, ces *guerres de parade*, où les derniers Chevaliers montrèrent leur prouesse et Bayard son héroïsme, mais guerres qui épuisèrent la nation sans gloire ni profit, guerres où l'on sacrifiait l'intérêt national, pendant que se constituait, pièce par pièce, ce vaste empire Austro-Espagnol, qui deviendra pour l'équilibre européen, durant un siècle, un danger permanent.

Voici enfin les luttes religieuses, attisées par ces rois fanatiques ou imbéciles qui furent les derniers des Valois. La France acclame le souverain qui lui donne un peu de repos et de tolérance, après tant de troubles, de désordres et de haines, et elle en arrive, sous la main despotique de Richelieu et la main vénale de Mazarin, à entendre, sans un frémissement de colère, sans une protestation indignée, cette parole tomber de la bouche de Louis XIV : « L'Etat, c'est moi. »

Oui, *le droit divin* de la monarchie a triomphé du

droit populaire, de la tradition gauloise : « Une nation
est au-dessus de son chef. » Au xviie siècle, trois cents ans
après la révolution de 1359, le chef est devenu tout, la
nation n'est plus rien. Nos rois ont étouffé toute initia-
tive individuelle ; ils ont brisé toute indépendance de
caractère. Vieux Communiers si fiers et si libres, vous
reconnaissez-vous, dans ces bourgeois abâtardis, dans
cette masse hébétée et misérable, qui de la servilité a
fait sa religion ? Au lieu et place de la liberté que vous
aimiez, et pour laquelle vous saviez mourir, on a élevé
des autels à un homme, à l'idole royale ; on n'aime
plus : on tremble ; on ne sait plus mourir, on se pros-
terne !

Et les communes ? Et les vieilles chartes ? Tout s'est
effondré, tout a été anéanti. A la hiérarchie féodale qui
va se désagrégeant a succédé la hiérarchie administrative. Les fécondes associations des travailleurs sont devenues ces monopoles, ces corporations sur lesquelles
le souverain étend son empire, ordonnant, prohibant,
voulant créer d'*autorité* le commerce, l'industrie et
même l'art, et n'arrivant qu'à multiplier autour du travail des bras, comme autour des œuvres de l'intelligence, les réseaux de cette tyrannie centrale, aux roua-
ges si souples, « qu'une seule ficelle, selon l'expression de Frédéric Morin, tirée du fond d'un cabinet ou
d'une alcôve, par le roi, son ministre, son valet de
chambre ou sa maîtresse, suffisait pour faire mouvoir à
la fois tous ses agents inférieurs ou supérieurs du même
mouvement automatique, comme une légion de pan-
tins. »

Et c'est ce qu'on a appelé et ce qu'on appelle encore :

l'unité de la France, réalisée par la monarchie ! Eh bien ! non, l'unité n'est point l'étouffement de la vie, et ce n'est qu'en étreignant le vaste corps de la nation, ce n'est qu'en empêchant sa poitrine de respirer, son cerveau de penser, son cœur de battre, que la royauté a obtenu une France *une* dans le prosternement.

Ce n'est point de cette France-là que voulait Etienne Marcel. Supprimer l'arbitraire, abolir les priviléges, abaisser les barrières qui séparent les classes ; les unir par les liens du travail, les rapprocher dans un même esprit, dans un même amour pour la Patrie commune, telle eût été l'unité réelle, féconde, réalisée par la tentative démocratique du XIVe siècle.

Cette tentative n'a point réussi à son heure : A nous à la reprendre. A nous, républicains, à abandonner à jamais les errements monarchiques. Nos rois avaient pris pour devise : « Tout pour le pouvoir et par le despotisme. » Que la République inscrive sur son drapeau : « Tout pour la France et par la Liberté. »

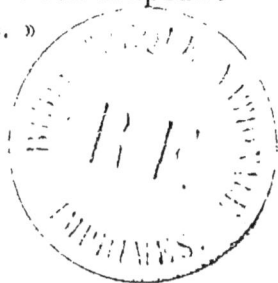

FIN

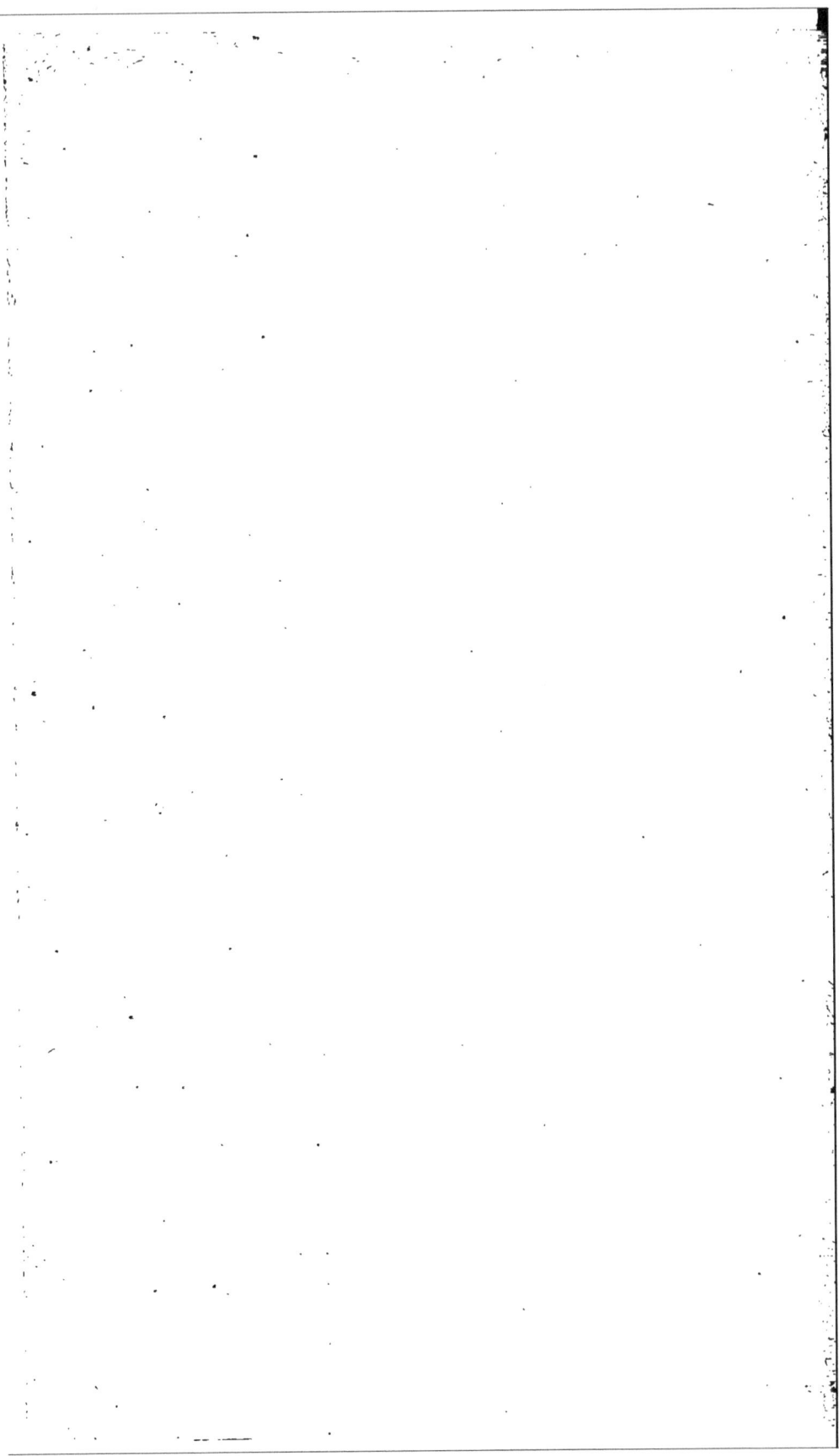

TABLE DES MATIÈRES

Préface. 9
I. — Naissance du Tiers-État. 15
II. — Le Tiers aux États-Généraux. 25
III. — Etienne Marcel. 34
IV. — États-Généraux de 1356. 42
V. — La grande Ordonnance. 53
VI. — Lutte de la bourgeoisie parisienne contre la   62
    royauté. . . . .
VII. — Continuation de la lutte entre la bourgeoisie   74
    parisienne et la royauté, Meurtre des Maré-
    chaux . . . .
VIII. — Guerre déclarée entre la royauté et la bourgoisie   82
    parisienne. . . . .
IX. — Le sort du paysan, avant et pendant le XIVe siècle.   92
X. — Soulèvement des Jacques. Alliance de la bour-
    geoisie parisienne avec le paysan. Ecrasement
    de la Jacquerie.   100
XI. — La faute d'Etienne Marcel.   114
XII. — Assassinat d'Etienne Marcel. Réaction qui suit   121
    cette mort. . . . .
Conclusion.   133

FIN DE LA TABLE

Imprimerie de DESTENAY, Saint-Amand (Cher).

www.ingramcontent.com/pod-product-compliance
Lightning Source LLC
Chambersburg PA
CBHW060804110426
42739CB00032BA/2627